지붕 위의 감자들

나는 행복한 도시 농부다!

지붕 위의 감자들

나는 행복한 도시 농부다!

지은이 해들리 다이어 옮긴이 서남희
펴낸이 김언호
펴낸곳 (주) 도서출판 한길사
등록 1976년 12월 24일 제74호
주소 413-120 경기도 파주시 광인사길 37
홈페이지 www.hangilsa.co.kr 전자우편 island@hangilsa.co.kr
전화 031-955-2012 팩스 031-955-2089

부사장 박관순 총괄이사 김서영 관리이사 곽명호 영업이사 이경호 경영담당이사 김관영
편집 홍희정 이인영 마케팅 윤민영 관리 이중환 김선희 문주상 이희문 원선아
디자인 창포 출력 및 인쇄 예림인쇄 제본 한영제책사

Potatoes on Rooftops: Farming in the city

제 1판 제1쇄 펴낸날 2014년 3월 10일
제 1판 제2쇄 펴낸날 2015년 4월 25일

값 14,000원
ISBN 978-89-356-6530-3 43300

• 잘못 만들어진 책은 구입하신 서점에서 바꿔드립니다.
• 이 도서의 국립중앙도서관 출판시도서목록(CIP)은 서지정보유통지원시스템 홈페이지(soeji.nl.go.kr)와
  국가자료 공동목록시스템(www.nl.go.kr/kolisnet)에서 이용하실 수 있습니다.
  (CIP제어번호: CIP2014004862)

지붕 위의 감자들

나는 행복한 도시 농부다!

해들리 다이어 지음 ● 서남희 옮김

아일랜드

차례

모두가 함께 사는 녹색 도시를 꿈꾸며 | 박원순 6
농사가 예술이다 | 천호균 8
착한 먹거리 운동에 동참하자 10
지금 당장 실천하자! 11
나의 도시 텃밭 12

Part 1 배고픈 도시들

도시 생활 14
푸드 마일 16
뜨거운 감자 18
도시 변두리의 삶 20
도시 속 사막 22
뜻밖의 장소에 있는 먹거리 오아시스 23
먹거리 안전에 대한 경고 24

Part 2 씨앗을 심자

변화하는 도시 풍경 26
그 옛날 승리의 텃밭 28
1cm까지 이용하자! 30
텃밭을 만들기 전에 34
작지만 강한 38
공동체 텃밭 42
착한 먹거리 44
식물을 기르자! 46

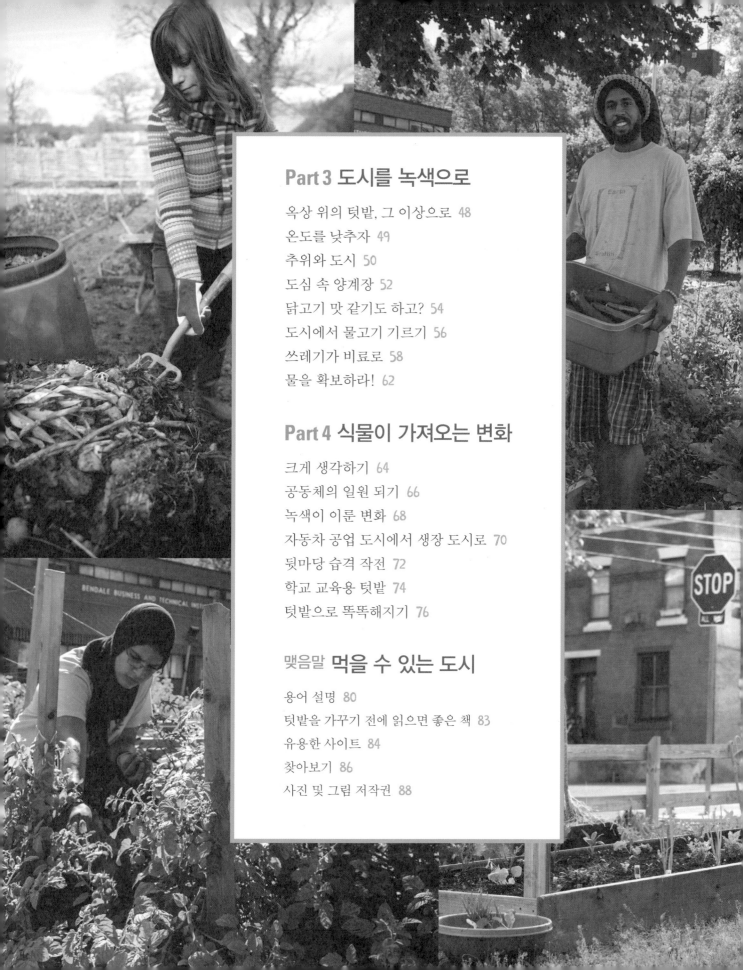

Part 3 도시를 녹색으로

옥상 위의 텃밭, 그 이상으로 48
온도를 낮추자 49
추위와 도시 50
도심 속 양계장 52
닭고기 맛 같기도 하고? 54
도시에서 물고기 기르기 56
쓰레기가 비료로 58
물을 확보하라! 62

Part 4 식물이 가져오는 변화

크게 생각하기 64
공동체의 일원 되기 66
녹색이 이룬 변화 68
자동차 공업 도시에서 생장 도시로 70
뒷마당 습격 작전 72
학교 교육용 텃밭 74
텃밭으로 똑똑해지기 76

맺음말 먹을 수 있는 도시

용어 설명 80
텃밭을 가꾸기 전에 읽으면 좋은 책 83
유용한 사이트 84
찾아보기 86
사진 및 그림 저작권 88

모두가 함께 사는 녹색 도시를 꿈꾸며

벼 상자

서울시장이 되기 전부터였지요. 시민운동가이자 소셜디자이너로서 저는 어떻게 하면 우리 사회를 '지속 가능한 도시'로 만들어나갈 것인가, 그 길을 찾는데 늘 고민하고 연구했답니다. 그리하여 그동안 시도해온 저의 모든 기획들은 '더불어 행복한 삶의 도시', '자연과 사람이 주인인 생태도시'를 만들기 위한 것이었지요. 아시다시피 그동안 서울을 비롯한 우리의 땅 방방곡곡은 산업화와 성장의 슬로건 아래 무분별하게 파헤쳐졌습니다. 그 결과는 생태계 파괴와 환경오염으로 나타났고 인간관계 또한 단절되어 도시의 삶은 삭막해지고 말았지요. 저는 '도시 재생'의 희망을 도시 농업에서 찾았답니다.

서울시장실에 와보시면 눈에 띄는 것이 하나 있는데 바로 실내 텃밭 '희망 소원'이랍니다. 저는 저부터 도시 농업을 실천하고자 집무실에 가장 먼저 텃밭을 설치했지요.

도시 농업은 사람의 가장 기본적인 욕구이자 권리인 먹거리를 통해 우리 삶을 바꿔보자는 새로운 삶의 시도입니다. 건강한 토마토 한 알을 따기 위해서는 꿀벌과 나비, 지렁이 같은 다른 생명들을 함께 살피고, 함께 키워나가야 하지요. 만약 도시의 집 주변에서 텃밭을 가꾸고 스스로 농사를 지으며 먹거리를 마련해 먹게 되면 이렇게 서로 씨줄과 날줄로 연결되어 있는 생태계를 이해하는 것은 물론, 도시 생태를 회복하고 콘크리트로 싸인 도시에 생명력을 불어넣을 수 있게 된답니다.

나아가 도시 농업은 도시와 농촌 및 지방 도시를 연결하고 이웃 간의 벽, 세대 간의 벽을 허물어 서로를 소통시키며 공동체의 회복을 도와주기도 하지요. 도시에서 함께 농사를 짓는다면 주민들은 서로 만나게 되고, 이웃들은 함께 협력함으로써 잃어버린 공동체성을 찾을 수 있게 될 것입니다. 다문화 가정이나 노인 문제와 같은 사회 문제들 역시 함께 짓는 농사를 통해 해법을 찾아나갈 수 있을 것입니다. 어디 이뿐인가요? 도시 농업은 학교 농장 프로그램을 운영하는 스쿨팜 강사, 도시 농업 콘텐츠 기획자, 상자 텃밭 디자이너 등 다양한 일자리를 창출할 수 있는 보고이기도 하답니다.

노원구의 아파트 옥상 텃밭

이제 21세기의 도시에서 도시 농업은 선택이 아닌 필수가 되었습니다. 캐나다를 비롯한 여러 선진국들은 일찍이 도시 농업의 중요성을 깨닫고 국가사업으로 장려하고 있지요. 이런 시대적 흐름 속에서 무엇보다 우리 젊은이들이 지속 가능한 사회와 생명에 대해 관심을 갖는 것은 긍정적인 신호입니다. 제가 도시 농업과 관련된 정책을 기획하고 수많은 국내외 사례를 분석하면서 깨달은 것 중의 하나는 도시 농업이 지속되기 위해서는 시민, 특히 청년이 주체가 되어야 한다는 것이었지요. 서울 같은 거대한 도시에 변화의 씨앗을 뿌릴 주인공은 바로 새로운 상상력으로 새로운 세상을 그려나갈 청년이 될 것입니다.

사당초등학교 학교 농장

그리하여 『지붕 위의 감자들』과 같은 책의 출간은 더없이 반가웠지요. 도시 농업의 큰 그림을 그리고 있는 이 책을 통해 청소년들이 도시 농업의 가치와 필요성을 깊이 새길 수 있길 바랍니다. 나아가 '행복한 도시 농부'들이 더욱 늘어나 미래 세대까지도 함께 더불어 행복한 삶을 살 수 있는 도시를 만들어가길 기대합니다. 고맙습니다.

• 박원순 서울특별시장 / 서울시청 집무실에서

종로 이화마루

농사가 예술이다

쌈지 어린농부학교

요즘 서울에서는 '농사' 열풍이 불고 있습니다. 길을 거닐다 보면 곳곳에서 농부의 흔적들을 쉽게 발견할 수 있습니다. 각 자치구에서 운영하는 농장이나 텃밭 들은 언제나 시끌벅적하고, 골목길이나 집 안에 상자나 화분을 놓고라도 작물을 키우는 사람도 많습니다. 심지어 밭을 일구고 논을 만드는 데 그치지 않고 벌을 치는 사람들까지 등장했다고 하니 과연 열풍이 아닐 수 없습니다. 또한 이러한 변화로 인해 그동안 어른들의 전유물이라 여겨지던 농사가 청소년이나 젊은이들에게까지 번져 활발한 모습을 보이며 확대되고 있는 것도 의미 있는 변화 중 하나입니다.

그동안 서울은 화려한 사막과 다름없었습니다. 먹을 것도, 에너지도, 전부 다 바깥에서 끌어오지 않으면 한순간도 버티기 힘들었으니 어쩌면 사막만도 못하다고 할 수 있겠습니다. 삭막한 사막에서는 아무래도 사람답게 살 수 없을 것입니다. 하지만 이제는 농사에 관심 있는 사람들이 끼리끼리 모여, 직접 기른 작물의 '맛'과 '멋진' 삶을 추구하며 사람답게 사는 법을 실천하고 있습니다.

농사의 가장 큰 즐거움은 뭐니 뭐니 해도 직접 길러 먹는다는 기쁨입니다. 내 손으로 뿌린 씨앗에서 싹이 고개를 쏙 내밀었을 때의 기쁨, 작고 예쁜 꽃이 피었을 때의 놀라움, 수확까지의 오랜 기다림과 설렘……. 어린 손녀들과 함께 놀이처럼 씨앗을 심고, 물을 주고, 열매를 수확하며, 작물들이 자라는 모습을 관찰하는 모든 과정이 제게는 즐거움 그 자체입니다. 그뿐만이 아닙니다. 수확한 작물을 함께 나누는 즐거움, 땅과 함께 하며 여유로워지고 풍요로워지는 몸과 마음은 나 하나만이 아닌 '우리'를 생각하는 계기가 됩니다.

서울 농부의 시장

"내가 사는 방식이 마을을 살려야 하고,
　마을을 살리는 방식이 지역을 살려야 하며,
　지역을 살리는 방식이 지구를 살릴 수 있어야 한다."

　이는 '퍼머컬처(permaculture, 영속농업)'에 일관되게 흐르는 원리이자 정신입니다. 영속적이라는 뜻의 'permanent'와 농업 'agriculture'의 합성어인 퍼머컬처는, 나와 우리, 그리고 온 지구가 함께 나누는 삶을 지향합니다. 비슷한 말로 저는 농부의 마음을 '콩 세 알'로 표현할 때가 많습니다. 한 알은 땅속 벌레에게, 한 알은 하늘 위 곤충이나 새 들에게, 나머지 한 알은 이웃과 나눠 먹는다는 뜻이죠. 내 손으로 일군 먹거리를 모든 생명과 나누는 마음, 희망과 아름다움을 나누는 것이 바로 농부의 일입니다.

　예술 분야에서 일했던 제가 농부로 살기로 결심하게 된 밑바탕에는 '같이' 농사지어 '같이' 먹고, '같이' 나누는

공유의 가치를 깨달았기 때문입니다. 예술과 농사는 사람들이 살아가야 할 방향을 알려주는 나침반이라는 점에서 근본적으로 다름없습니다. '콘크리트 정글' 속에 갇혀 그동안 잊고 살았던 '생명 존중'의 가치를 복원하고, 무너진 윤리의식을 회복하려면 우선 흙 묻은 손으로 농사를 지으며 자연의 고마움을 느껴봐야 할 것입니다.

　이 책 『지붕 위의 감자들』은 우리가 왜 도시에서 농사를 지어야 하는지, 그 이유와 가능성, 그리고 손쉬운 실천 방안을 우리에게 간략하지만 정확하게 일러줍니다. 농사는 팍팍한 도시에 살며 그동안 잊고 살았던 소중한 가치들을 되찾는 데 중요한 역할을 할 것입니다. 농부로 살며 제가 느꼈던 행복을 이 책을 통해 더 많은 사람이 느낄 수 있기를 바랍니다.

• 천호균 대장농부 / 쌈지농부

착한 먹거리 운동에 동참하자

오늘날 많은 사람들은 자신들이 먹는 먹거리가 어디에서 재배되며, 또 무엇을 먹어야 좋은지 잘 모른다는 사실에 매우 혼란스러워 하고, 그에 대한 해답을 얻고 싶어 한다. 나는 '푸드쉐어(FoodShare, 먹거리 나누기)'의 '필드 투 테이블 스쿨 팀(Field to table schools team, 텃밭에서 식탁까지 학교 담당 팀)'을 통해 이에 대한 해답을 찾으려는 유치원부터 고등학교까지의 학생들을 날마다 만나며 이런 사실들을 알게 되었다. 2006년 이후, 1만 명이 넘는 학생과 2,600명의 교사, 교육자, 부모 들이 '푸드쉐어'의 실천 활동에 참여했다. 그 활동 중에는 4살짜리 아이들이 난생처음 씨앗을 심고 쑥쑥 자라는 콩을 관찰하는 프로그램도 있고, 건강하고 싱싱한 재료로 자신만의 샐러드를 만들며 맛있는 자부심을 느껴보는 청소년 요리 교실도 있다. 참가자들은 새로운 레시피를 배우면서 웃고 즐긴다. 먹거리에 관련된 일은 재밌기 때문이다!

지금 이 순간에도 착한 먹거리 운동이 일어나고 있다. 당신의 먹거리 선택이 공정한 먹거리 체계에 중요한 역할을 담당하길 바란다면 이 운동에 동참해야 한다. 『지붕 위의 감자들』과 같은 책은 첫걸음을 떼는 데 도움을 준다. 그러고 나면 다음 단계인 실천으로 저절로 나아가게 될 것이다.

착한 먹거리 운동은 각 가정의 부엌, 학교 운동장, 베란다, 지역 사회에서 일어나고 있다. 좋은 먹거리들이 어디서 오는지, 누가 재배하는지, 얼마나 멀리서 오는지, 재미있고 맛있게 요리할 수 있는 방법이 무엇인지 알고 싶다면 지금이 가장 좋은 때다. 다시 말해 "먹거리 전문가(food literate)"가 되는 것이다.

무엇을 먹고, 어디에서 사며, 올해는 무엇을 키울지, 결정해야 할 멋진 일들이 무척 많다. 지역 사회의 농부들과 친해지고 손톱 밑에 비옥하고 거무스레한 흙이 끼는 것을 즐기며, 또 아삭아삭하며 즙과 향이 풍부한 오이를 한입 맛보며 착한 먹거리 운동에 참여하자. 직접 키운 먹거리로 음식을 만드는 것은 매우 보람된 일이다.

그러니 이 모든 것을 즐기며 친구들과 함께 먹거리를 키우고, 요리해 보자. 물론 마지막엔 맛있게 먹는 것도 잊지 말자!

• 브룩 지벨
'필드 투 테이블 스쿨 팀' 코디네이터 / '푸드쉐어' 토론토
www.foodshare.net

지금 바로 실천하자!

수천 년 동안 우리 조상들은 매일매일 그날 먹을 것을 구하는 데 급급했다. 하지만 세월이 흐르며 많은 것이 변했고, 1950년대에 들어서자 현대의 먹거리 체계는 급격히 진화했다. 예를 들면 전쟁 물자 동원에 사용되던 효율적인 방법들이 먹거리 생산으로 용도 변경된 것이다. 탱크는 트랙터로 바뀌었고, 화학전은 잡초 제거전으로 변했다. 먹거리의 종류도 다양해지고 생산량도 늘어, 사람들은 이로써 당연히 더 건강해지고 빈곤층도 배불리 먹게 될 것이라 생각했다. 사실, 고도로 기계화되고 상업화된 먹거리 체계는 그 자체만으로는 대단히 성공적이다. 그러나 전 세계적으로, 심지어 부유한 나라에서조차 수많은 사람들이 여전히 굶주리고 있다.

값싼 식량을 대량으로 생산한다고 해서 누구에게나 좋은 먹거리가 넉넉하게 돌아가지는 않는다. 그리고 먹거리를 어떻게 키우고, 운송하고, 가공하고, 소비하고, 버리는지가 여러 심각한 문제들의 원인이 되고 있다. 기아와 더불어 건강 문제를 일으키는 과체중 및 비만 인구도 점점 늘고 있는데, 이는 특히 대도시 지역에서 싸고 쉽게 구할 수 있는 먹거리가 건강하지 않기 때문에 일어나는 현상이다. 또한 많은 사람들이 건강한 조리법이나 식품 성분표를 제대로 읽지 못하고, 자신들이 먹는 음식 재료들이 어디서 오는지 잘 모른다는 것도 이유 중 하나다. 그리고 최근 문제가 되고 있는 기후 변화와 관련해 온실가스 배출에 대한 먹거리 체계의 책임도 1/3쯤 된다.

먹거리가 사람들의 건강뿐 아니라 환경, 경제, 지역 사회와 관련 있다는 사실을 이해하는 사람들이 점점 많아지고 있다. 먹거리 체계는 모든 사람들에게, 뿐만 아니라 우리 주변의 흙, 공기, 그리고 물에도 영양을 공급해야 한다는 점이 도시 농업 운동과 이 책의 공통된 주장이다. 우리의 먹거리 체계는 동 세대뿐 아니라 미래 세대를 위한 일이기도 하다. 오늘 우리가 내리는 결정들은 미래의 먹거리 체계에 영향을 주며, 인류의 삶에 장기적인 영향을 미칠 것이다. 그러므로 지금 바로 실천해야 한다!

• 바바라 이매뉴얼, 브라이언 쿡
토론토 식량정책과 / 토론토 시 공공위생실
www.toronto.ca/foodconnections

나의 도시 텃밭

'헉' 하는 소리, 고요한 아침을 깨우고.
눈앞의 풍경에 속이 부글부글.
먼지 앉은 테라스에 뒹구는 빨간색과 보라색 속살.
정성껏 키운 최상의 토마토가 덩굴에서 뽑혀나가,
우적우적 씹힌 채 한구석에 버려져 있으니
틀림없이 다람쥐의 짓.

한 번도 텃밭을 가꿔본 적이 없는 사람에게는 이러한 표현이 다소 호들 갑스럽게 느껴질 수도 있다. 그러나 햇살에 잘 익은, 직접 키운 토마토를 따서 물로 대충 씻은 뒤 사과 베어 물듯 한입 베어 물어본 사람이라면, 이 장면에 공포 영화에나 나올 법한 배경 음악이 필요한 이유를 알 것이다.

우리 집은 동화 속에나 나올 법한 버섯 집같이 작지만 마당은 넓다. 테라스의 화분에 성공적으로 채소를 키우고 난 후, 나는 '영 어반 파머스(Young Urban Farmers, 젊은 도시 농부들)'라는 작은 회사와 계약을 맺어 적당한 텃밭을 만드는 데 도움을 받았다. YUF는 20대 젊은 사업가들이 운영하는 회사로, 그들은 나처럼 재배의 달인을 동경하는 사람들을 도우면서 사업을 할 수 있다는 사실을 영리하게 파악하고 있었다. YUF의 소유주 중 한 명인 크리스 윙은 우리 집 텃밭을 찾아와 여러 질문에 답해주었다.

내 질문은 끝도 없었다. 내 텃밭의 흙은 안전한가? (그렇다.) 내 먹거리는 오염될 것인가? (아니다.) 우리 집 개가 내가 키운 작물을 뜯어 먹거나 텃밭에 오줌을 눌 것인가? (그럴 수도 있고 아닐 수도 있다.) 이제 나는 농촌에서 심을 수 있는 대부분의 작물을 도시에 있는 내 텃밭에도 심을 수 있다는 것을 알게 되었다.

이 책은 도시에서 먹거리를 키우는 것에 대해 소개하고 있다. 자발적이든 아니든 도시에서 먹거리를 생산하는 사람들은 전 세계적으로 수억 명에 달하며, 대부분이 젊은 층이다. 사실 어린이와 청소년 들은 자신이 왜 옥상에 감자를, 베란다에 고추를, 콘크리트 담벽에 콩을 키워야 하는지 처음에는 잘 모를 것이다. 나 역시 길 건너 마트에서 저녁거리를 사올 수 있는데 왜 힘들게 땅을 파고 물을 쥐야 하는지 처음엔 잘 몰랐다. 그러나 이제는 그래야 할 이유가 날마다 새록새록 생긴다.

오후 내내 텃밭에서 일하는 것만큼 기분 좋은 노동은 없다.

연둣빛 여린 새싹이 흙에서 고개를 내미는 것을 보면 우스울 정도로 으쓱하게 된다.

사람은 영원히 살 수 없지만 건강하고 안전한 먹거리를 섭취하면 좀 더 오래 살지도 모른다.

이밖에도 수많은 이유들이 이 책에 소개되어 있다. 그러나 가장 중요한 사실은 우리가 먹거리를 어떻게 얻는가다. 먹거리는 환경, 지역 사회, 우리의 몸, 그리고 지구상에 사는 다른 사람들에게까지도 영향을 미친다.

그리고 더 큰 이유가 있다. 마트에서 산 그 어떤 것도, 햇살에 잘 익은 직접 키운 토마토처럼 맛있지 않다.

• 해들리 다이어

Part 1 배고픈 도시들

인구가 많다고 위대한 도시는 아니다.

• **아리스토텔레스** 고대 그리스의 철학자

도시 생활

오늘날 전 세계의 도시들은 급속도로 커지고 있고, 전세계 인구의 절반 이상인 약 32억 명이 도시에 살고 있다. 인류 역사상 최초로 대도시에 사는 사람들의 수가 소도시와 시골에 사는 사람들보다 더 많아졌다.

그런데 시골로 돌아가려는 사람은 별로 없다. 유엔은 2030년경에는 세계 인구의 2/3가 도시에 살 것이며, 지금으로부터 30년 뒤에는 전 세계를 먹여 살리기 위한 식량이 60%나 더 필요할 것으로 추정한다.

이 모든 먹거리들은 대체 어디에서 공급되는 것일까? 현재 식품점과 마트에서 파는 대부분의 먹거리는 공장형 농장에서 생산된다. 그러나 공장형 농장은 최선책도, 유일한 해결책도 아니다. 거대 농장에서 도시로의 식량 운송은 새로운 문제들을 낳았고, 특히 환경과 건강에 영향을 끼쳤다. 도시에 사는 사람들에게 건강한 먹거리를 제공할 수 있는 다른 방법들이 필요하다.

메가시티 BIG 10

메가시티(Megacity)란 인구가 1,000만 명 이상인 도시를 말한다. 어떤 도시의 거주민이라고 하면 좁게는 그 도시에 살고 있는 사람들을 뜻하고, 더 넓은 의미로는 주변 지역에 사는 이들까지 포함한다. 현재 전 세계의 메가시티는 21개이지만, 그 수는 계속 늘어나고 있다(서울 역시 인구 약 1,000만 명의 메가시티다 — 편집부). 아래의 그림은 세계에서 가장 큰 메가시티 10곳이다. 대부분의 메가시티들은 매일 최소한 약 6,000*t*의 식량을 필요로 한다.

(백만 단위에서 근삿값, 단위: 명)

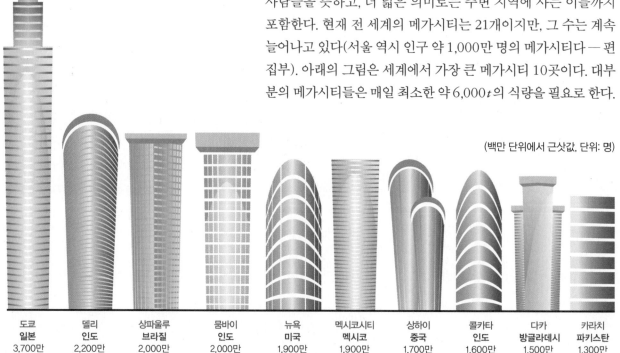

도쿄 일본	델리 인도	상파울루 브라질	뭄바이 인도	뉴욕 미국	멕시코시티 멕시코	상하이 중국	콜카타 인도	다카 방글라데시	카라치 파키스탄
3,700만	2,200만	2,000만	2,000만	1,900만	1,900만	1,700만	1,600만	1,500만	1,300만

일본의 국토 면적은 미국의 캘리포니아 주와 비슷한 크기지만 무려 1억 2,700만 명이 밀집해 살고 있다. 전 국민이 먹을 식량을 생산하기에는 땅이 부족하기 때문에 전체의 60%를 수입해야 한다. 이는 다른 선진국에 비해 높은 수치다.

일본의 수도 도쿄는 인구가 3,700만 명으로 메가시티 10곳 중 가장 크다.

북아메리카는 지구상에서 가장 도시화된 지역 중 하나로, 엄청난 인구가 도시에 거주하고 있다. 미국과 캐나다의 인구 중 80% 이상이 도시에 산다. 멕시코는 국민의 절반 정도가 도시 지역에 산다.

푸드 마일

인류는 약 1만 년 전부터 토지를 경작하기 시작했다. 그전까지는 야생 동물을 사냥하거나 나무 열매와 나뭇잎 등을 채집해 먹을 것을 구했다. 그러나 곧 식량을 직접 생산하면 훨씬 편해진다는 사실을 깨달았다.

인류는 동물을 사육하기 시작했고, 씨앗을 심어 필요한 작물들을 얻는 방법 또한 터득했다. 그래서 식량을 생산할 공간을 넉넉하게 확보하기 위해 나무를 베어내고, 먹을 수 없는 식물들을 제거하며 주변 환경을 바꾸기 시작했다. 공업 사회가 된 뒤 공장에서 일하려는 사람들이 도시로 이주하자 농촌에서 식량을 가져와야 했다. 농장의 규모는 도시와 함께 커지고 수확량도 늘었지만, 작물의 종류나 생산자의 수는 점차 줄어들었다.

대부분의 광고가 우리의 먹거리는 여전히 시골에서 낡은 작업복을 입은 농부의 정성 어린 손길 아래 자라고 있다는 믿음을 심어준다. 하지만 사실상 오늘날의 농장 대부분은 겉모습이나 운영 방식에 있어서 공장과 다를 바 없으며, 그곳에서 생산된 먹거리는 전 세계로 운송된다.

식탁 위의 음식들은 어디에서 왔을까?

'푸드 마일(food mile)'이란 먹거리가 생산자의 손을 떠나 소비자의 식탁까지 이동하는 거리를 말한다. 북아메리카의 푸드 마일은 수백에서 수천km에 이른다.

푸드 마일이 길어지면 왜 안 좋을까? 식량을 멀리까지 운반하려면 연료가 많이 필요하다. 그리고 트럭과 비행기들은 엄청난 양의 공해 물질을 내뿜으며, 특히 이산화탄소 등 온실가스를 배출함으로써 지구 온난화를 일으킨다. 또한 운반하는 동안 과일과 채소의 영양소는 손실된다. 몇몇 연구에 따르면 수확 후 5일에서 10일 사이에 영양소의 30~50%가 감소한다고 한다.

엄청난 양의 양상추들은 공장 크기의 밭이 있는 농촌에서 자란다.

원료명: 망고, 토마토(토마토 주스, 구연산, 염화칼슘), 양파, 할라페뇨, 라임 주스 농축액, 마늘, 비니거, 향신료, 향미증진제

INGREDIENTS: MANGOS, TOMATOES (IN TOMATO JUICE, CITRIC ACID, CALCIUM CHLORIDE), ONIONS, JALAPENOS, LIME JUICE CONCENTRATE, GARLIC, VINEGAR, SPICES, FLAVOUR
INGRÉDIENTS: MANGUES, TOMATES (DANS JUS DE TOMATE, ACIDE CITRIQUE, CHLORURE DE CALCIUM), OIGNONS,

포장 식품에는 수많은 재료가 첨가되기도 한다. 각각의 재료들은 공장으로 보내져 가공을 거친 뒤, 판매처로 다시 운반된다.

19세기 중반에는 북아메리카 인구의 약 75%가 농업에 종사했지만 지금은 2%에 불과하다.

뜨거운 감자

푸드 마일을 걱정하는 사람들은 농장과 식탁 간의 거리가 되도록 짧은 것을 선호한다. 식량의 이동이 '뜨거운 감자 게임(노래를 부르는 동안 옆 사람에게 콩 주머니 같은 작은 물건을 건네는 게임으로 폭탄돌리기와 비슷하다 — 옮긴이)'이라고 상상해보자. 농장과 우리 집 식탁의 거리가 멀수록, 감자는 더욱 더 차가워질 것이다.

농부가 씨감자를 산다.

감자를 심고 키운다. 캐보니 뜨겁다!(진짜 뜨겁다는 게 아니고, 갓 캐낸 감자라는 뜻이다.)

농부는 수확한 감자를 다른 농장들의 수확물과 함께 모으는 농산물 유통 센터에 가져간다.

유통업자는 소매업자에게 주문을 받고, 감자를 배달한다.

집에 가져간 감자는 이미 차갑게 식어 있다.

소비자들은 가게에서 감자를 산다.

물론 이런 경로도 있다.

농부가 감자를 키운다.

↓

농부가 시장에 가져온 뜨거운 감자를 소비자들이 산다.

아니면 이런 시나리오는 어떨까?

농촌의 농장들은 앞으로도 꼭 필요하다

현재 북아메리카에 공급되는 식량의 대부분은 농촌의 농장들에서 생산된다. 이중 얼마만큼을 도시에서 생산할 수 있을까? 현실적으로 생각했을 때, 모든 도시민들이 식량의 일부를 자급한다 해도 농촌의 어마어마한 논밭은 여전히 필요하다. 특히 쌀이나 밀처럼 넓은 면적이 필요한 작물은 더욱 그렇다. 여러분이 살고 있는 도시 근교의 농장이나 집 뒷마당처럼 거주지 인근에서 생산된 먹거리를 사는 것은 환경을 파괴하지 않고 전 세계에 식량을 공급하는 작은 해결책 중 하나다.

아주 잘생긴 농부 (바로 당신!)가 텃밭에 감자를 키운다.

↓

갓 수확한 감자를 집으로 가져간다. 너무 뜨거워 들고 있기도 힘들다!

19

도시 변두리의 삶

도시 변두리에는 판자촌이나 빈민가가 형성되어 있다. 대도시와 외곽의 경계에 위치한 슬럼가에는 농촌에서 이주해온 수백만 명이 살고 있다. 그러나 급속도로 성장하는 도시들 중 다수가 세계에서 가장 빈곤한 도시들이어서, 새로 이주해오는 모든 사람들을 부양할 능력이 없다.

사람들은 꿈을 이루기 위해 도시로 몰려든다. 번듯한 직업이나 좋은 학교처럼, 전에 살던 작은 마을에서보다 더 나은 생활을 누리기 위해 이주한다. 그러나 그들 대부분이 도시에 집을 사거나 비싼 집세를 감당할 능력이 없기 때문에 변두리에 정착하게 된다. 이러한 지역들은 깨끗한 물과 하수 처리장, 쓰레기 집하장 같은 기본 설비가 갖춰지지 않은 경우도 많을 뿐더러 직장과 학교, 식품점에 가기 위해 먼 거리를 이동해야 한다.

메가시티인 인도의 뭄바이에서는 인구 2,000만 명 중 상당수가 건강한 먹거리와 깨끗한 물이 절대적으로 부족한 슬럼가에 살고 있다.

텃밭이 있는 도시

미국의 도시들은 주로 19세기에 번성했다. 1860년에서 1910년 사이 미국 인구는 3배로 늘었다. 그러나 시민들 대부분이 부적합하고 비위생적인 주거 환경과 범죄에 둘러싸여 불결하게 생활했다. 또한 새로운 이웃들과 잘 지내지도 못했다. 미국의 '도시미화운동(The City Beautiful Movement)'과 영국의 '전원도시운동(Garden City Movement)'은 도시의 외관을 개선하고 공원과 텃밭을 가꿈으로써 도시를 좀 더 살기 좋은 곳으로 만들었다.

모잠비크의 마푸투 인근에 사는 이 여성은 도시 근교 농업(Peri-urban agriculture)에 종사하고 있다. 도시 근교 농업이란 명확하게 도시와 농촌으로 구분되지 않는 도시 변두리 지역에서 농사를 짓는 것이다.

중국에서는 해마다 약 1,500만 명이 농촌을 떠나 도시로 이주한다.

아프리카의 사하라 사막 남쪽에서는 도시 거주민 중 62%가 슬럼가에 살고 있다.

'개발도상국'은 모든 국민에게 살아가는 데 절대적으로 필요한 기본적인 생활 필수품과 안전한 주거 환경을 제공하지 못하는 나라를 뜻한다. 개발도상국들의 인구 중 절반은 25세 이하의 국민이다.

콩고민주공화국의 루붐바시는 2000년에서 2010년 사이에 인구가 50%나 증가해, 지금은 150만 명 이상이 되었다. 도시 외곽에 형성된 농장과 시장 들이 신선한 먹거리의 주요 공급원이다. 이렇게 도시 변두리에서 식량을 생산하는 활동을 '도시 근교 농업'이라고 부른다.

도시 속 사막

북아메리카에서는 어디에나 먹을 것이 넘쳐난다. 때로는 달콤한 간식이나 짭짤한 스낵의 유혹에 넘어가지 않고 도시의 거리를 지난다는 것이 불가능하게 느껴질 정도다. 이렇게 도처에 먹을 것이 넘쳐나는데, 건강한 먹거리를 찾기 힘들다는 사람들이 있을까?

북아메리카의 도시 중에는 인근에 건강한 먹거리 공급원이 없는 '먹거리 사막'이 있다. 식품점은 물론, 농산물 직거래 장터나 과일 가판대도 없다. 다른 동네까지 쉽게 갈 수 없는 사람들, 특히 저소득층에게는 이런 상황이 상당히 불편할 수밖에 없다.

편의점은 일반 식료품점에 비해 값이 1.5배 정도 비싸다. 따라서 식료품점에서 2.5달러(약 2,700원)에 살 수 있는 달걀 한 판이 편의점에서는 4달러(약 4,300원) 정도다. 다른 선택지는 패스트푸드점인데, 패스트푸드는 고칼로리에 지방과 소금 덩어리인 정크 푸드다.

미국에서는 230만 가구가 식료품점에서 1.6km 떨어진 곳에 산다. 약 340만 가구는 1km 거리 안에 살고 있지만, 자동차나 마땅한 대중교통이 없다. 캐나다라고 해서 상황이 나은 것은 아니다. 캐나다에서 가장 큰 도시인 토론토 인구의 절반이 식품점에서 1km 이상 떨어진 곳에 산다.

도시에 살면서도 달걀을 비싸게 사고 싶지 않다면 어찌해야 할까?

똑같은 달걀인데……

슈퍼마켓에서 사면
2.5달러 (약 2,700원)

편의점에서 사면
4달러 (약 4,300원)

먹거리 사막 위치 탐사기(www.ers.usda.gov/Data/FoodDesert)를 통해 내가 사는 곳 근처에도 먹거리 사막이 있는지 알아보자.

길모퉁이 슈퍼마켓에서 파는 라면은 싸고 조리가 간단하지만, 영양가는 낮고 칼로리만 높다.

뜻밖의 장소에 있는
먹거리 오아시스

가나의 수도인 아크라는 시민들이 소비하는 채소의 90%를 도심에서 생산한다. 각 가정의 텃밭 일부를 공급하고, 나머지는 도시 안 공터에서 재배한다.

조흘루 시의 로만 릿지 지역도 그런 곳 중 하나다. 근처의 변전소 때문에 건축이 금지된 곳의 공터를 이용하여 농사를 짓는 것이다.

우리도 지금 살고 있는 도시의 빈터를 도시 농업에 이용할 수는 없을까?

베트남 하노이에서는 어느 유명한 다리 밑에 있는 섬에서 옥수수를 재배한다.

영국 런던에서는 철교 밑 빈터를 이용하여 지역 사회의 공동 텃밭을 조성해 놓았다.

먹거리 안전에 대한 경고

당신은 식품 안전주의자인가? '식품 안전(food security)'은 건강한 먹거리를 확보하는 것을 뜻하는 멋진 말이다. 식품 안전주의자는 일상생활에 필요한 안전하고도 건강한 먹거리를 먹는 사람을 일컫는다.

전 세계적으로 10억 명 가까운 사람들이 굶주려 영양실조에 걸려 있다. 기아에 시달리는 사람들 대부분이 개발도상국 사람들이지만, 미국과 캐나다 인구의 약 15%도 비슷한 위기에 처해 있다.

지구상의 몇몇 지역에서는 전쟁이나 기타 다른 문제들로 인해 사람들이 강제로 고향을 떠나야만 했고, 농토 또한 파괴되었다. 홍수나 가뭄 같은 자연 재해 역시 농사를 망치고 사람들의 삶을 힘겹게 만든다. 그러나 사람들이 굶주리는 가장 큰 원인은 가난이다. 가난한 사람들에게는 의식주라는 기본 욕구를 해결할 돈이 부족하기 때문이다.

멕시코시티에서 사람들이 주식인 토르티야 가격 인상에 항의하며 행진하고 있다. 토르티야 가격은 갑자기 400%나 치솟았다.

식품의 가격

최근에는 치솟는 식품 가격이 전 세계의 기아 문제를 더욱 심각하게 만들고 있다. 지구 온난화와 더욱 심각해진 자연재해, 그리고 연료비 상승이 식품 가격을 올리는 원인이다.

2007년, 수천 명의 멕시코 인들이 무려 400%나 폭등한 토르티야 값에 항의하기 위해 거리로 나섰다. 같은 해 오스트레일리아에는 심각한 가뭄으로 인해 밀 수확이 반으로 줄었고, 당연히 밀 값이 치솟았다. 다음 해, 전 세계인의 주식이자 특히 아시아인의 주식인 쌀값이 2배로 뛰었다.

기아와의 전쟁을 선포한 단체들은 변동이 심한 식

품 가격에 대해 간단하면서도 근본적인 해결책을 연구하고 있다. 사람들이 스스로를 지키는 최선책은 어쩌면 필요한 먹거리를 사 먹는 데만 전적으로 의존하지 않는 것이다. 식재료를 얻는 다른 길들이 바로 우리 눈앞에, 혹은 발밑에 있을지도 모른다(텃밭을 일구는 것 말이다!).

숫자로 알아본 기아 현황

- 🥟 전 세계의 빈곤 인구 중 약 **98%**가 개발도상국에 산다.

- 🥟 가난한 도시에 사는 가구 중 일부는 수입의 **80%**를 식품 구입에 쓴다.

- 🥟 **10억** 명 이상의 사람들이 하루에 **1.25달러(약 1,300원)**, 혹은 그보다도 적은 돈으로 살아간다. 유엔 등의 기구들은 이를 '극도의 빈곤 상태'라고 정의한다.

- 🥟 아프리카 사하라 남쪽에서는 인구 중 약 **30%**인 **2억 3,900만 명**이 영양 결핍 상태인데, 이는 전 세계에서 가장 높은 수치다. 아시아와 태평양 지역은 빈곤에 시달리는 사람들이 가장 많은 곳으로, 그 수는 **5,780만 명**에 이른다.

- 🥟 미시시피 주의 가구들 중 약 **19%**는 안전하게 먹을 수 있는 식품을 구하기 어렵다. 이는 미국에서 가장 높은 비율이다.

각각의 그래프는 그 나라의 국민들이 사고, 보관하고, 사용하는 소비재에 드는 비용의 총액을 보여준다.

그중에서 식료품비가 차지하는 비율을 '엥겔지수'라고 하는데, 소득이 낮을수록 이 비율은 높아진다.

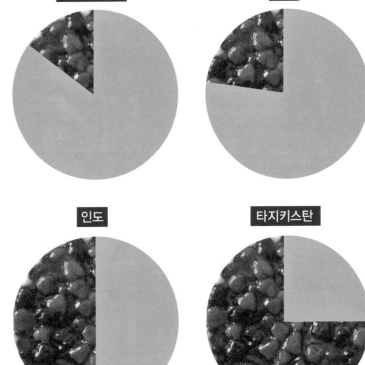

미국/캐나다

영국

인도

타지키스탄

식품 구입비

기타 소비재 구입비
(옷, 전자 기기, 책, 가구 등)

씨앗을 심고 싹이 자라는 것을 보았다. 그것을 가꾸고 수확하면서 단순하지만 무한한 만족감을 느꼈다. 이 작은 텃밭을 내 힘으로 돌보고 있음으로 인해 자유의 맛을 조금이나마 느낄 수 있었다.

• 넬슨 만델라 남아프리카공화국의 전 대통령

변화하는 도시 풍경

도시의 별명은 '콘크리트 정글'이다. 그런데 도시 안에 진짜 정글처럼 나뭇잎이 우거져 있다고 상상해보자. 오늘 점심 반찬이 바로 교실 창문 밖에서 자라고 있다고 마음속에 그려보자. 그런데 이런 상상 속 이미지들을 현실로 만든 도시들이 있다.

전 세계에서 약 8억 명이 아주 작은 허브 밭부터 최신식 농장에 이르기까지 도시 안에서 먹거리를 키우고 있고, 그 숫자는 점점 늘어나고 있다. 이러한 텃밭 가꾸미와 도시 농부 들은 도시를 더욱 푸르고 건강하게 만든다. 또한 그들은 우리의 미래를 위해 씨앗을 뿌리며 도시의 풍경을 바꾸고 있다.

자유의 맛

남아프리카공화국의 넬슨 만델라 전 대통령은 정치적인 이유로 로벤 섬의 감옥에 27년간 갇혀 있었다. 그는 맨손으로 돌밭을 일궈 너비가 0.9m에 불과한 작은 채소밭을 만들었다. 그리고 수확한 것을 감방 동료들과 나눠 먹었다. 오늘날 많은 사람들이 만델라의 텃밭을 방문한다. 그곳이 다정한 마음과 끈기, 그리고 희망의 상징이기 때문이다.

만델라의 보잘것없는 텃밭에는 삶을 바꾸는 힘이 있었다. 그렇다면 우리는 우리 도시에 있는 공간과 도구, 기술을 사용해 무엇을 이뤄낼 수 있을까?

그 옛날 승리의 텃밭

Groundwork for Victory
GROW MORE IN '44

FILL IT!
HELP HARVEST WAR CROPS

텃밭을 만들거나 가꾸는 사람들은 연합군에
참여했던 나라들의 식량 문제를 돕는 것이다.
지금이 낭비와 과소비라는 용서받지 못할
미국의 과오를 바로 잡을 수 있는 기회다.

• **우드로 윌슨** 미국의 28대 대통령

제1차 세계대전(1914~18)을 겪으며 전 세계의 도시
들은 식량 부족으로 고통받았다. 수천 명의 농부들이
밭을 가는 대신 군대에서 복무했다. 비옥하던 땅은 전
투와 폭탄으로 엉망이 되었고, 모든 나라가 공통으로
사용할 수 있는 바다인 공해(公海)는 식량 수송선에게
매우 위험한 지역이 되었다.

1917년, '전국전시텃밭위원회(National War
Garden Commission)'라는 미국의 한 단체는 집 주
변에 소규모로 먹거리를 재배하는 것이 해결책이 될
수 있다고 판단했다. 이 단체는 시민들에게 모든 공터
를 텃밭으로 가꿀 것을 장려했고, 수확한 먹거리를 통
조림으로 만들고 보존하는 방법을 보급했다. 미국 농
무성(USDA) 역시 텃밭 가꾸기를 촉구하는 캠페인
을 시작했다. 그 결과, 텃밭은 350만 개(1917년)에서
500만 개(1918년)로 늘어났다.

텃밭에서 거둔 또 다른 승리

제2차 세계대전(1939~45) 동안 미국의 '전시식량국
(War Food Administration)'은 '전국 승리의 텃밭 프
로그램'을 만들었다. 제1차 세계대전 때 큰 성공을 거
뒀던 텃밭 운동을 다시 일으키려는 목적이었다. 이번에
는 결과가 더욱 놀라웠다. 농무성은 제2차 세계대전 중
2,000만 개 이상의 텃밭이 일구어졌다고 추산했다.

사람들은 과일과 채소를 재배함으로써 자신들도 전
쟁에 기여하고 있다고 느꼈다. 조국과 군인들에게 식
량을 공급하고, 전쟁에 필요한 물자들을 대주었기 때

문이다. 예를 들어 평소 식량 생산에 쓰이던 금속과 여러 재료들은 군수품으로 탈바꿈했고, 식량 수송에 사용된 철도 또한 더 많은 군수품을 나르는 데 쓰였다.

1943년 당시 영부인이었던 엘리너 루스벨트는 2,000만 개의 텃밭 중 하나를 백악관 정원에 일구었다. 그로부터 66년 후인 2009년, 영부인 미셸 오바마는 유기농 텃밭을 가꿔서 공식 만찬에 쓰일 싱싱한 채소를 재배하고, 백악관을 방문하는 어린 학생들을 위한 교육용 텃밭을 가꾸는 모범을 보였다.

미국 보스턴의 '펜웨이 승리의 텃밭'과 미니애폴리스의 '다울링 공동체 텃밭'은 전쟁 당시부터 일궈온 승리의 텃밭들이다.

1cm까지 이용하자!

전쟁 중에 생겨난 승리의 텃밭들이 시대를 앞섰듯이 오래된 것에서 새로운 것을 배울 수 있다. 평화로운 시대에도 도시에서 먹거리를 자급해야 하는 이유는 수십 가지나 된다. 그러나 모든 사람이 텃밭을 일굴 수 있는 마당을 가지고 있는 것은 아니며, 녹지가 아예 없는 동네도 있다. 어떻게 해야 콘크리트 정글을 신선하고 건강한 먹거리가 자라나는 곳으로 바꿀 수 있을까? 다행스럽게도 엔지니어와 건축가들은 도전을 무척 사랑한다.

수직 텃밭에 다양하고 예쁜 꽃과 허브, 과일이 자라고 있다.

어느 도시의 건물 외벽에 설치된 격자 구조물을 타고 자라는 콩과 호박이다. 옆으로 넓힐 수 없을 땐 위로 높이자!

수직 텃밭

도시가 꽉 차 재배 공간을 확보할 수 없다면, 위로 올리는 방법도 있다. '식물 벽'이라고 불리는 수직 텃밭은 벽돌이나 콘크리트 외벽을 예술적이면서도 먹거리를 제공해주는 실용적인 벽들로 바꿔준다.

로스앤젤레스의 '어반 파밍 푸드 체인 프로젝트(The Urban Farming Food Chain Project, 도시 농업 식량 연계 프로젝트)'는 건물 외벽에 붙여 작물을 키울 수 있는 패널을 만들었다. 이 벽을 가꾸는 사람들은 수확을 하더라도 수확물을 팔지 않는다. 선반을 재활용하거나 걸이 화분을 나무 울타리에 걸고, 심지어 낡은 신발 보관대를 벽에 달아 누구나 자신만의 텃밭을 만들 수 있다.

하늘로 솟은 농장들

작물을 위로 올려 키운다는 개념을 더욱 높은 곳까지 발전시켜보자. 디자이너들은 도시의 어떤 자원도 소모시키지 않으면서 많은 먹거리를 생산할 수 있는, 높다란 재배 공간을 꿈꿔왔다.

수직 농장은 식물 벽보다 훨씬 복잡하며, 오피스 빌딩들을 농장으로 바꾸는 것보다 훨씬 더 어렵다. 예를 들어 햇빛이 모든 작물에 골고루 닿지 않는다면, 식물 생장에 필요한 에너지를 공급할 태양 전지 패널을 설치해야 할 수도 있다. 또 건물 전체에 물을 저장하고, 재활용하고, 끌어 올릴 배관들도 디자인해야 할 것이다.

아직 최초의 수직 농장이 부딪히게 될 어려움은 물론 수직 농장이 지역 사회에 가져올 이점들에 대해서도 알 수 없다. 그러나 혁신적인 아이디어가 넘치는 사람들이 많기 때문에 그런 문제들은 곧 파악될 것이다.

건축가 고든 그라프는 토론토에 '스카이 팜(Sky Farm)'이라는 이름의 58층짜리 녹색 농장 건물을 디자인했다. 이 건물의 재배 면적은 74만 3,000㎡에 달하여 매년 3만 5,000명을 먹여 살릴 수 있을 정도다. 건설 비용이 큰 데다 아직 검증되지 않은 이 계획의 실현 가능성은 시간이 지나봐야 알겠지만, 그 꿈은 바른 곳을 향하고 있다.

어떤 형태가 좋을까?

식물이 자라기 위해서는 반드시 햇빛이 필요하다. 수직 건물의 위층들은 아래층에 그림자를 드리울 수 있기 때문에 디자이너들은 모든 재배 공간에 골고루 빛이 드는 형태를 실험하고 있다.

엔지니어이자 예술가인 나탈리 제레미젠코는 누에고치처럼 생긴 온실을 고안했다. '도시 우주 정거장'으로 불리는 이 온실들이 지구에서 하는 일은 재배 공간을 제공하는 것이다. 투명하고 둥근 표면은 해가 건물을 가로지를 때 빛을 흡수하고, 고치처럼 생긴 공간은 건물 아래층에서 끌어온 공기와 물을 재활용한다. 흙을 사용하지 않아 가볍기 때문에 땅 위에서 식물을 재배할 수 있다.

엔지니어이자 예술가인 나탈리 제레미젠코가 고안한 '도시 우주 정거장'. 우주선처럼 보이지만 사실은 온실이다.

땅속의 농장들

도시의 도로 밑에는 무엇이 있을까? 일본 도쿄의 어느 건물 지하에 있는 대형 금고는 '파소나 O2(Pasona O2)'라는 하이테크 농장으로 변신했다. 이 농장의 면적은 무려 1,000㎡에 달하며 100종 이상의 채소가 재배되고 있다. 이곳에서는 할로겐램프와 LED 조명, 형광등을 사용하며, 흙을 사용하지 않는 수경 재배 방식을 택하고 있다. 식물들은 영양분이 녹아 있는 배양액이나 자갈 또는 펄라이트(진주암을 850~1,200℃로 가열, 팽창시켜 만든 인공 토양. 수로 식물 재배용으로 사용된다 — 옮긴이) 속에서 재배된다. 수경 재배(hydroponics)란 단어는 그리스어로 물을 뜻하는 'hydro'와 노동을 뜻하는 'ponos'가 합쳐진 것이다.

도쿄의 오피스 빌딩에 있는 파소나 O2의 논에서는 한겨울에도 쌀을 수확할 수 있다.

먹거리의 재배 외에도, 파소나 O2는 매우 중요한 목적을 가지고 있다. 그것은 젊은이들은 물론 인생에서 두 번째 기회가 절실한 노년층에게 일자리를 제공하는 것이다.

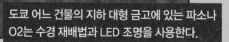

도쿄 어느 건물의 지하 대형 금고에 있는 파소나 O2는 수경 재배법과 LED 조명을 사용한다.

32

옥상의 텃밭들

수경 재배는 옥상처럼 사용하지 않는 공간들을 활용할 수 있다. 밀도가 높고 무거운 흙에 비해, 보다 가벼운 재료들과 얇은 물판을 사용함으로써 무게를 줄일 수 있기 때문이다.

여름철 뜨거운 햇빛으로 옥상이 달궈지면 옥상의 기온은 주변보다 높아진다. 그러나 녹색 식물이 있는 옥상은 식물들이 증산 작용을 하기 때문에 온도가 낮다. 식물은 물을 뿌리로 흡수하고, 잎을 통해 내보내는데, 이때 수분을 증발시키기 위해 공기 중의 열을 흡수하면서 주변 온도를 낮춘다.

옥상을 이용한 텃밭 가꾸기는 최근 많은 주목을 받고 있다. '루프탑 가든 프로젝트(Rooftop Garden Project, 옥상 텃밭 프로젝트)'라는 단체는 캐나다 몬트리올 전역의 옥상을 녹지로 바꿔왔고, 다른 나라 사람들과도 이 기술을 나누기 시작했다. 이들은 2010년 지진을 겪은 뒤 도시 농업을 시작한 아이티 사람들에게 기술적으로 많은 도움을 주기도 했다.

미국 시카고의 '개리 코머 청소년 센터(Gary Comer Youth Center)'는 버려진 창고의 건물 구조를 보강하여 옥상에 800㎡에 달하는 텃밭을 조성했다. 텃밭의 깊이는 46㎝이고, 해마다 유기농 채소를 454㎏이나 생산한다. 수확한 채소는 자원봉사자들이 각 가정으로 배달해주고, 센터에서 이뤄지는 요리 교실에서 쓰기도 한다.

캐나다 몬트리올의 컨벤션 센터에 만든 옥상 텃밭

일본의 한 통신 회사가 '그린 포테이토(グリーン ポテト)'라는 프로젝트를 통해 도쿄의 건물 옥상에 고구마 심는 일을 후원했다. 고구마의 넓은 잎이 뜨거운 빌딩 옥상의 온도를 낮춰 다른 곳의 표면온도보다 20℃ 이상 낮았다.

텃밭을 만들기 전에

엔지니어나 건축가가 아닌 평범한 사람들이 텃밭을 일구려면 어떻게 해야 할까? 다행스럽게도 도시 텃밭을 가꾸는 데 지하 금고나 훌륭한 관개 시설을 반드시 갖출 필요는 없다. 그러나 땅을 파기 전 다음과 같은 몇 가지 사항을 고려해야 한다.

콩은 높고 좁은 공간에 심기 알맞다.

공간

도시의 텃밭은 농촌이나 교외의 텃밭보다 규모가 작기 때문에 넓은 공간이 필요하지 않은 작물을 고르는 것이 좋다. 예를 들어 콩은 위를 향해 자라며, 화분에 심어도 잘 자라기 때문에 좁은 곳에서 키우기 좋다. 커다란 화분을 둘 공간이 충분하고 햇빛이 잘 드는 곳에서는 1.5m 이상 자라는 품종을 심을 수도 있다.

햇빛

토마토나 호박 같은 작물은 매일 6~8시간 햇볕을 쬐어야 열매를 맺는다. 따라서 작물을 심기 전에는 텃밭의 일조량이 얼마나 되는지 체크해야 한다. 집이나 근처 건물 때문에 그늘이 생기는지도 확인하자.

시간

유난히 손이 많이 가는 식물들이 있다. 고추 같이 열매를 맺는 작물을 기르려면 비료와 많은 양의 물이 필요하다. 반면에 양상추는 온도가 낮을 때 잘 자란다. 또 물은 적게, 비료는 주지 않아야 한다.

맛

당신이 먹고 싶은 것은 무엇인가? 그리고 길러 보고 싶은 것은 무엇인가? 샐러드에 쓰이는 루콜라라는 허브의 일종으로, 잎이 작을 때 따야 더 맛있다. 체리는 대체로 달지만 톡 쏘는 맛을 가진 품종도 있다. 공간이 넉넉하다면 여러 종류의 식물을 키워보자.

모양

많은 도시 농부들에게 텃밭의 모양새는 수확하는 작물만큼이나 중요하다. 공간을 어떻게 배치하면 보기에도 좋고 일하기도 즐거울까? 바닥에 카펫이 깔린 것처럼 가지런한 채소밭을 만들까, 아니면 키 큰 완두콩을 심어 정글처럼 우거진 텃밭을 만들까?

유해 동물

도시에는 의외로 야생 동물이 많이 살고 있다. 이 동물들의 눈에 텃밭은 뷔페로 보일 것이다. 새들은 딸기들을 신 나게 쪼아 먹고, 너구리들은 작물을 먹어치울 것이며, 비료 더미는 쥐들을 불러모을 것이다. 동네에 야생 동물들이 있다면(살고 있을 가능성이 높다), 작물 주위에 철망을 치는 등 여러 방법으로 텃밭을 지켜야 한다.

까만 마스크를 쓴 너구리는 생김새는 귀엽지만, 텃밭을 망치기도 한다.

비용

큰 규모로 텃밭을 시작하려면 비용이 상당히 부담스러워진다. 텃밭용 도구, 흙, 비료, 퇴비, 씨앗, 모종, 화분 등이 필요한데, 다 갖추려면 액수가 만만치 않기 때문이다. 그러나 먹거리를 사는 대신 직접 키움으로써 돈을 아낄 수 있고, 수확을 하면 이러한 비용은 벌충된다. 빌릴 수 있는 도구는 빌리고, 화분을 사는 대신 낡은 양동이를 쓰는 등 집에 있는 물건들로 대체하는 것도 비용을 줄이는 방법이다. 비싼 모종 대신 씨앗을 심고, 다른 텃밭 가꾸미들과 씨앗과 꺾꽂이를 주고받으면 비용은 더욱 절감된다. 씨를 맺는 과일과 채소들은 씨를 받아두었다가 다음 해에 심도록 하자.

허브와 딸기 같은 작은 식물들은 창가의 작은 화분에서도 잘 자란다.

땅속 오염 해결법

채소에는 비타민 등 건강에 도움되는 영양소가 가득하다. 그러나 도시에서 자란 채소들은 과연 안전할까? 수많은 차들이 오가며 내가 기르는 상추에 매연을 뿜고 있으니 말이다.

대기 중에 있는 대부분의 공해 물질은 채소를 잘 씻는 것만으로도 제거할 수 있다. 정말 위험한 것은 땅속에 숨어 있다. 인근 공업 단지에서 흘러나온 화학 물질은 흙을 독성으로 만든다. 흔하면서도 가장 위험한 물질은 납인데, 페인트나 배관 파이프 등을 통해 흙에 침출되곤 한다.

텃밭 흙의 안전성이 걱정된다면, 토양 샘플을 연구소로 보내 검사를 받는다. 각종 건강 관련 회사와 부서들(우리나라에서는 각 시도의 보건환경연구원 및 농업 기술센터 등에 의뢰할 수 있다 — 옮긴이), 그리고 몇몇 대학의 연구실에서도 토양을 분석해준다.

흙이 오염되었을 경우에는 석회와 유기물로 정화할 수 있다. 그래도 걱정된다면, 피망처럼 열매를 맺는 작물을 재배하자. 먹는 부분은 흙 위에서 자라고, 흙 속의 뿌리들은 화학 물질을 적게 흡수하기 때문이다. 또는 깨끗한 흙을 채운 화분이나 돋움 화단에 식물을 심는 방법도 있다.

토양 분석을 하면 흙에 포함된 영양 성분까지도 파악할 수 있다. 영양분의 종류에 따라 재배할 수 있는 식물의 종류가 달라질 것이다. 오염되지는 않았으나 비옥하지 않다면, 퇴비를 뿌려 비옥하게 만들 수 있다.

처음부터 큰 규모로 시작할 필요는 없다. 계절마다 화단이나 화분을 하나씩 늘려 텃밭을 늘리면 된다.

가지는 과일일까, 채소일까? 식물학자들은 과육과 씨가 있고 종자식물이면 과일, 뿌리나 잎, 줄기를 먹는 경우에는 채소로 분류한다. 따라서 가지는 과일이며 호두도 마찬가지다. 그러나 당근, 셀러리, 감자는 채소다.

돋움 화단에 넓은 통로를 만들면 몸을 구부리거나 물건을 들어올리기 힘든 사람들도 편하게 텃밭을 가꿀 수 있다.

작지만 강한

복잡하고 큰 문제의 답이 의외로 간단한 경우가 많다.

미니 텃밭은 큰 규모의 밭을 일굴 공간이 없는 사람들에게 딱 맞는 텃밭이다. 규모가 작아 힘도 덜 들기 때문에 어린이와 노인, 몸이 불편한 사람 들도 쉽게 가꿀 수 있다.

미니 텃밭은 재배에 필요한 흙과 다른 재료들이 적게 들기 때문에 흙이 부족하거나 토양이 오염되기 쉬운 곳에서 특히나 더 인기 있다. 또한 보통 텃밭보다 물이 적게 들어 깨끗한 물이 부족한 곳에도 만들 수 있다.

이런 미니 텃밭에서 먹거리를 얼마나 생산할 수 있을까? 유엔 산하의 식량 농업기구(Food and Agriculture Organization)에 따르면, 텃밭 1m^2당 매년 토마토 200개를 수확할 수 있다. 이 정도면 스파게티 소스를 넉넉하게 만들 수 있는 양이다.

작은 텃밭의 커다란 영향력

미니 텃밭은 개발도상국에 커다란 변화를 가져오고 있다. 볼리비아의 엘 알토에서는 1,500가구에 작은 온실을 설치해주고 과일과 채소, 허브 재배법을 가르쳤다. 주민들은 스스로 채소를 길러 절약한 돈으로 고기, 유제품, 달걀 같은 동물성 단백질을 비롯한 다른 생필품들을 살 수 있었다. 4가구 중 3가구가 빈곤층인 지역에서 식량 예산과 건강한 먹거리를 섭취하는 비율이 점점 늘어나고 있다.

미니 텃밭은 자루에……

베트남의 수도인 하노이에서는 소비되는 채소의 80%가 도시 안이나 주변에서 재배된다. 그러나 하노이가 급속도로 팽창하면서 새로 건설된 도로와 건물들이 농토를 야금야금 빼앗고 있다. 따라서 각 가정에 배당된 작은 텃밭에 의존하는 사람들이 늘어나고 있다.

멋진 채소들

상추와 시금치는 미니 텃밭에서 기르기 가장 좋은 식물들이다. 뿌리가 얕아서 흙이 깊을 필요가 없고 싹이 아주 빨리 나기 때문이다. 또한 잎이 많은 채소들은 이어짓기에 매우 좋다. 씨앗이나 모종을 화분에 심을 때, 한 판을 심고 몇 주 후에 다른 판에도 심는다. 첫 번째 판에서 수확한 채소를 다 먹을 무렵에는 곧이어 다음 판을 수확할 수 있다. 채소를 싫어하는 사람에게는 안 됐지만 샐러드 재료가 떨어질 일은 없을 것이다.

……파란 플라스틱 통에

……좁은 돋움 화단에 꼭 어울린다!

병과 부츠와 양동이에 심기

미니 텃밭을 만들 땅조차 없을 수도 있다. 하지만 햇빛이 듬뿍 내리쬐는 장소와 식물을 심을 만큼 적당한 크기의 통만 있다면 공간이 없다는 핑계로 작물을 기르지 못하는 경우는 없다. 지금 살고 있는 도시를 한 바퀴 둘러보고 인터넷 정보도 살펴보자. 생각지도 않았던 곳에서 식물들이 자라고 있을 것이다.

통에 재배하는 방법의 단점은 햇빛을 받으면 흙이 지나치게 빨리 마른다는 것이다. 거의 날마다 물을 주어야 하며 심지어 하루에 2번 줘야 하는 경우도 있다. 물이 화분 밑으로 빠지므로, 아랫집 베란다로 물이 떨어지지 않게 조심하자.

물이 너무 많으면 뿌리가 썩기 쉽다. 작물을 심은 통 바닥에 구멍을 뚫어 물이 잘 빠질 수 있도록 한다. 양상추를 기르기에는 국수를 삶은 다음 받쳐두는 체가 가장 좋다.

시금치와 허브처럼 뿌리가 얕은 식물은 창밖에 걸어두는 작은 박스형 화분, 어린이용 간이 풀장, 플라스틱 그릇을 재활용하는 등 깊지 않은 통에 심어야 한다.

토마토나 호박 같은 식물들은 뿌리가 깊으므로 큰 화분이나 깊숙한 양동이에 심어야 한다.

공동체 텃밭

공간이 한정된 도시 사람들이 텃밭을 가꿀 수 있는 또 다른 방법은 다른 사람들과 함께하는 것이다. 공동체 텃밭에서는 여러 사람들이 공동으로 작물을 키운다. 이러한 공동체 텃밭은 도시에 녹지를 만들어주고 신선한 채소를 구하기 힘든 먹거리 사막 문제를 해결해준다.

　공동체 텃밭들은 각기 다른 방식으로 운영된다. 어떤 텃밭에서는 모두 함께 일하고 수확을 동등하게 나누거나, 직거래 장터에 내다 판다. 어떤 텃밭들은 한 명, 또는 한 가구가 저마다 구역을 나누어 맡는다. 대부분의 공동체 텃밭은 참여자들이 텃밭을 정기적으로 보살피고, 겨울이 오기 전 공동 구역을 청소하는 등 여러 가지 일을 함께한다.

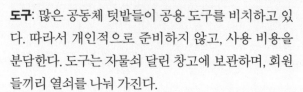

훌륭한 공동체 텃밭의 조건

도구: 많은 공동체 텃밭들이 공용 도구를 비치하고 있다. 따라서 개인적으로 준비하지 않고, 사용 비용을 분담한다. 도구는 자물쇠 달린 창고에 보관하며, 회원들끼리 열쇠를 나눠 가진다.

물: 작물을 키우는 데 빗물만으로는 부족할 경우를 대비해 긴 호스와 빗물받이를 구비한다.

쉼터: 땀을 식히거나 어린이들이 작물들을 밟지 않고 놀 수 있는 장소를 마련한다.

정보 공유: 다른 사람들과 함께 먹거리를 키우는 이유 중 하나는 참가자들끼리 서로 정보와 요령을 나눌 수 있다는 데 있다.

공동체 텃밭 구성원들이 '도시 농장'이라는 플래카드를 들고 있다. 텃밭을 가꾸는 데는 어느 정도 비용이 들지만, 그보다 훨씬 값진 채소들을 생산하게 될 것이다.

유기농 섬

쿠바의 도시들은 경이로운 수준의 도시 농업을 보여준다. 길모퉁이마다 '우에르타(huerta)'라고 하는 채소 화단이나 '오가노포니코(organoponicos)'라 불리는 공동체 텃밭이 있다.

이 작은 섬나라는 한때 소비에트 연방과 가까운 친구였다. 1989년, 소비에트 연방이 무너지면서 쿠바는 주요 무역 상대이자 비료와 살충제는 물론, 대형 농기계에 필요한 석유의 주공급원을 잃었다. 그로 인해 식량 생산은 줄어들었고 식량 부족이 시작되었다.

쿠바 인구 1,100만 명 중 3/4 이상이 도시에 거주하지만, 많은 도시에는 무너진 건물과 공터 뿐이었다. 쿠바 사람들은 이 공간을 활용하기 시작했다. 잔해를 치우고 재배 공간을 만든 것이다. 오늘날 전국적으로 약 7,000개의 오가노포니코가 있고, 쿠바에서 소비되는 채소의 약 70%는 유기농으로 재배된다. 수확물의 대부분이 텃밭 근처에서 바로 팔리거나, 텃밭을 가꾼 가정의 식재료가 된다.

쿠바는 여전히 옥수수, 밀 등 대부분의 식량과 석유를 비롯한 기본적인 물품을 수입해야 하며, 식품 가격이 오르면 큰 타격을 입는다. 그러나 텃밭으로 인해 최소한 유기농 과일과 채소는 안정적으로 공급받을 수 있게 되었다.

2006년 밴쿠버 시는 2010 동계 올림픽을 주최하는 데 크게 기여할 특별한 목표를 세웠다. 바로 2,010개의 도시 텃밭을 만드는 것이었다. 수많은 개인과 가정, 지역 사회, 마을 들이 돕겠다고 나선 덕분에 2010년 초, 무사히 목표를 달성했다.

착한 먹거리

배고픈 사람들에게 먹거리를 제공하는 것은 도시 텃밭을 가꿔야 하는 여러 이유 중 하나에 불과하다.

직접 키운 당근을 처음으로 한입 베어 물면, 또 다른 이유를 찾을 수 있다. 그러니 일단 맛보자!

집이나 동네에서 키운 채소들이 더 맛있는 까닭은 무엇일까? 과일과 채소의 이종 교배에 열성적이었던 1950년대에서 그 답을 찾을 수 있다. 이종 교배란 둘 이상의 다른 품종 식물을 결합시키는 것이다. 각각의 식물이 가진 특성을 얻으려면 교잡 수분(종류가 다른 두 식물 사이에 꽃가루를 옮겨 수정시키는 것—옮긴이) 등의 방식으로 식물들을 교배해야 한다. 예를 들어 어떤 토마토는 질병에 강하고, 어떤 토마토는 예쁘고 큰 열매를 맺으며, 장거리 운송에 강하다. 따라서 공장형 농장들은 대량 생산이 가능한 몇 가지 종류의 이종 교배를 선호한다.

직접 기르거나 근처 농부에게 사는 토마토는 맛이 좋은 종자끼리 이종 교배한 품종일 수도 있고, 아니면 재래종 토마토일 수도 있다. 할머니 댁에 있는 집안의 가보나 골동품들처럼, 재래종 토마토는 아주 오래전 주로 이종 교배가 유행하기 전부터 재배된 품종이다. 이러한 종자들은 멀리 운송하기도 어렵고 많이 열리지도 않지만, 맛은 대단히 좋다. 그리고 재래종들은 저마다 색깔, 모양, 크기가 다 다르다.

재래종 토마토를 기르다보면 같은 작물을 키웠던 조상들과 이어져 있다는 기분과 고유 품종을 계승한다는 자부심을 느끼게 된다.

똑같은 토마토일까?

토마토는 텃밭 초보자가 처음 도전하는 작물 중 하나다. 직접 기른 토마토는 마트에서 파는 것보다 훨씬 토마토다운 맛이 난다. 아래 사진을 보면 맛만 다른 것이 아니라는 것을 알 수 있다.

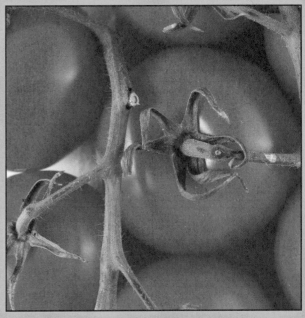

재래종 토마토

- 볕이 잘 드는 베란다에 놓인 큰 화분에서 자랐다.
- 유기농 비료를 주었다.
- 살충제나 제초제를 뿌리지 않고 키웠다.
- 농산물 박람회에서 상을 받지 못할 수도 있다.
- 수확량이 일정하지 않다.
- 직접 기른 경우, 사는 것보다 비용이 덜 든다.
- 푸드 마일이 짧다.

이종 교배 토마토

- 공장형 농장에서 재배되었고 마트에서 샀다.
- 상처가 나거나 무르지 않아 장거리 운송에 강하다.
- 살충제와 제초제를 뿌려 키웠을 것이다.
- 모양이 고르고 수확량이 많다.
- 인근 농산물 직거래 장터에서 파는 재래종 토마토보다 싸다.
- 푸드 마일이 수천 km에 이를 것이다.

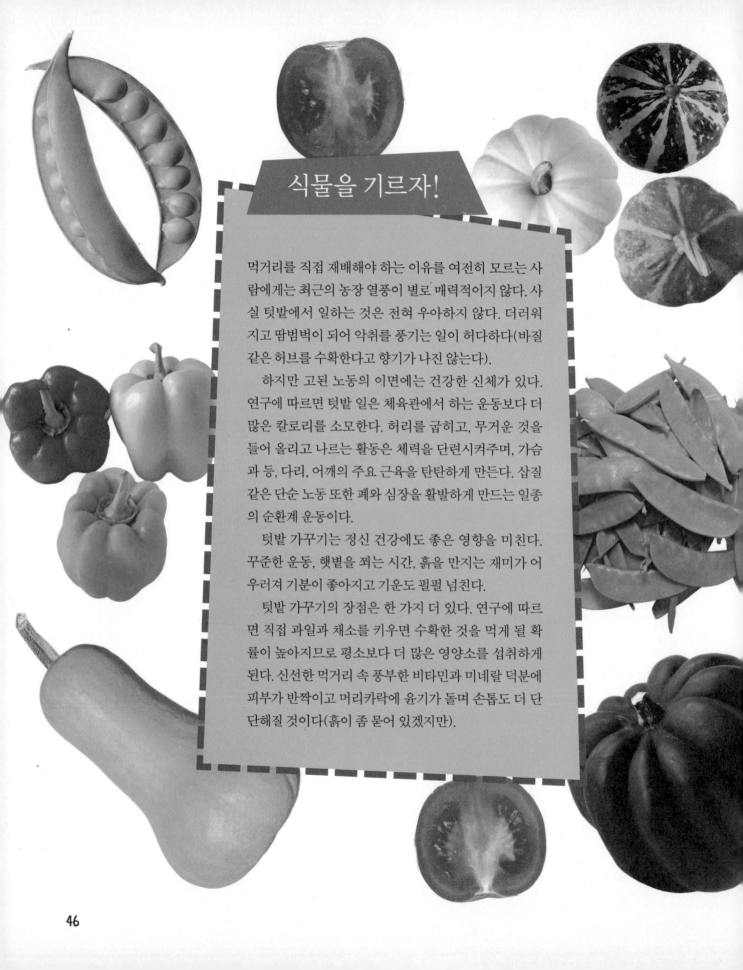

식물을 기르자!

먹거리를 직접 재배해야 하는 이유를 여전히 모르는 사람에게는 최근의 농장 열풍이 별로 매력적이지 않다. 사실 텃밭에서 일하는 것은 전혀 우아하지 않다. 더러워지고 땀범벅이 되어 악취를 풍기는 일이 허다하다(바질 같은 허브를 수확한다고 향기가 나진 않는다).

하지만 고된 노동의 이면에는 건강한 신체가 있다. 연구에 따르면 텃밭 일은 체육관에서 하는 운동보다 더 많은 칼로리를 소모한다. 허리를 굽히고, 무거운 것을 들어 올리고 나르는 활동은 체력을 단련시켜주며, 가슴과 등, 다리, 어깨의 주요 근육을 탄탄하게 만든다. 삽질 같은 단순 노동 또한 폐와 심장을 활발하게 만드는 일종의 순환계 운동이다.

텃밭 가꾸기는 정신 건강에도 좋은 영향을 미친다. 꾸준한 운동, 햇볕을 쬐는 시간, 흙을 만지는 재미가 어우러져 기분이 좋아지고 기운도 펄펄 넘친다.

텃밭 가꾸기의 장점은 한 가지 더 있다. 연구에 따르면 직접 과일과 채소를 키우면 수확한 것을 먹게 될 확률이 높아지므로 평소보다 더 많은 영양소를 섭취하게 된다. 신선한 먹거리 속 풍부한 비타민과 미네랄 덕분에 피부가 반짝이고 머리카락에 윤기가 돌며 손톱도 더 단단해질 것이다(흙이 좀 묻어 있겠지만).

서두르지 말고 천천히

텃밭에서 일하면 1시간에 약 $300\,kcal$가 소모되는데, 이는 매우 빠르게 걷는 것과 같다. 안전하고 건강하게 일하기 위해서는 다음의 요령을 기억해야 한다.

- 허리가 아니라 무릎을 구부려야 하반신에 부담이 덜 간다.

- 텃밭에 있는 시간을 조금씩 늘려가며 천천히 체력을 다진다. 처음부터 무리하면 다치거나 근육통에 시달리게 된다.

- 반드시 자외선 차단제를 발라 화상이나 피부 손상을 막는다.

- 스트레칭을 자주 해서 부상을 예방한다.

- 물을 많이 마신다.

🌱 생각의 씨앗

원예요법은 수술 후의 회복부터 우울증 치료까지 육체적·정신적 건강 문제에 식물과 관련된 활동을 이용하는 방법이다. 식물을 가꾸면 진정 효과가 있으며, 운동 기능과 집중력을 향상시킨다. 식물을 키우기 위해서는 문제 해결력과 목표 설정이 요구되므로 자신감 또한 향상된다. 환자들을 위해 모든 병원의 실내 또는 야외에 녹색 공간을 마련한다면 많은 환자들의 회복 속도가 빨라지지 않을까?

Part 3 도시를 녹색으로

삽을 들고 텃밭에서 화단을 꾸미는 동안
얼마나 행복하고 힘이 나는지,
여태껏 내 손으로 해야 했던 일을
남들에게 미룸으로써 자신을 속이고
즐거움도 빼앗기고 있었음을 깨달았다.

• 랠프 월도 에머슨 미국의 철학자

옥상 위의 텃밭, 그 이상으로

우리는 주변의 환경 문제에 대해 잘 알고 있다. 숲은 베
어지고, 하늘은 매연에 뒤덮이며, 지구는 뜨거워지고 있
다. 더 이상 덮어두고 모른 척할 수만은 없는 지경에 이
르렀다.

도시는 바로 이러한 환경 문제의 주범이다. 콘크리트
색과 녹색처럼 뚜렷하게 대조되는 것도 없을 것이다. 그
러나 반대로 생각해보면 도시가 오히려 지구를 치유하
고 자원을 보존하는 데 중요한 역할을 할 수 있다. 예를
들어, 많은 사람들이 한곳에 모여 살며 일터나 학교에 갈
때 걷거나 자전거 또는 대중교통을 이용하면 자동차에
서 나오는 매연을 줄일 수 있다. 수백만 명이 먹거리를
비롯한 일상용품들을 근처에서 얻는다면, 이 또한 환경
을 보호할 수 있다.

아이들의 간이 수영장을 재활용하여 케일이나 고추
를 기르는 것은 쉽지만, 옥상에서 닭이나 물고기를 키우
는 것은 또 다른 문제다. 그런데 놀랍게도 이런 시도는
실제로 가능한 이야기다.

온도를 낮추자

'아스팔트 위에 달걀을 떨어뜨렸더니 달걀 프라이가 되었다'라는 우스갯소리를 한 번쯤은 들어봤을 것이다. 끔찍하게도 많은 도시에서 이 농담은 진실에 가깝다. 여름이 되면 콘크리트 건물과 아스팔트 도로는 태양의 열기로 달아오른다. 그 결과, 100만 명 이상이 사는 도시에서는 주변보다 1~3℃ 더 높은 열섬 현상이 일어난다. 기온만이 아니다. 한껏 달궈진 발밑의 포장도로는 27~50℃까지 오르기도 한다.

그다음에는 자연스럽게 에어컨 사용량과 전기 사용량이 급증한다. 전력 생산에 사용되는 연료 중 일부는 공기 중에 온실가스를 배출하며, 이 가스가 바로 지구 온난화의 주범이기 때문에 도시들은 계속 더 뜨거워진다.

도시를 식히고 지구 온난화를 늦추는 방법은 무엇일까? 해결책은 식물을 심는 것이다. 나무 그늘은 열기에서 잠깐 비껴나 쉴 곳을 제공하며, 옥상에 심은 식물들은 증산 작용을 통해 주위 온도를 낮춰준다. 또한 식물들은 낮에는 광합성을 하며 온실가스 중 하나인 이산화탄소를 흡수하고, 밤에도 호흡으로 배출하는 것보다 더 많은 양을 제거한다.

도시에서 먹거리를 기르면 온도를 낮출 뿐만 아니라 우리의 건강과 지구 환경에도 도움이 된다. 고무장화를 신고 텃밭을 가꾸는 것만으로 환경을 보호할 수 있다!

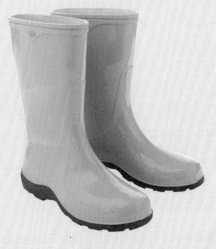

추위와 도시

북반구에 위치한 도시들은 더위가 아니라 추위가 문제다. 여름이 너무 짧아 작물들이 성장하고 열매를 맺기까지 일조량 등 여러 요인이 충분치 않다. 결과적으로 푸드 마일이 엄청나게 긴 남쪽에서 차나 비행기로 먹거리들을 실어 와야 한다.

그러나 온실이 있다면 계절에 상관없이 작물을 재배할 수 있다. 캐나다의 노스웨스트 테리토리에 위치한 '이누빅 마을 온실(Inuvik Community Greenhouse)'은 지구에서 가장 북쪽에 위치한 온실이다. 이 지역은 여름에는 24시간 햇빛을 받지만, 추운 기후 때문에 과일과 채소를 기르기 어렵다. 그래서 사람들은 오래된 경기장을 거대한 온실로 개조했다. 1층에 있는 74개의 텃밭은 지역 주민들에게 빌려주고 2층은 상업 재배 단지로 운영해서 돈을 번다.

극지의 마을에서도 1년 내내 먹거리를 키울 수 있는데, 훨씬 남쪽에 있는 도시들이라면 가능성이 훨씬 더 높지 않을까?

수확물 저장하기

겨울 동안 실내에서 먹거리를 키울 수 있을까? 가능성은 반반이다. 추운 지역에서는 해가 짧아 아무리 창가에 화분을 두어도 피망처럼 햇빛이 많이 필요한 작물들은 키우기 어렵다. 차라리 작은 화분에 쌈 채소나 허브를 키우는 게 더 나을지도 모른다. 하지만 인공 조명을 설치하면 1년 내내 실내에서 먹거리를 키울 수 있다.

더 나은 방법도 있다. 봄, 여름 또는 가을 작물을 겨우내 먹을 수 있도록 저장법을 배우는 것이다. 신선한 재료들을 얼리거나 통조림 또는 병조림으로 만들고, 건포도나 다른 말린 과일들처럼 건조시켜보자. 피클, 사우어크라우트, 김치처럼 절여두면 오랫동안 먹을 수 있다.

다년생 식물은 재생 주기가 있어, 겨울에 죽고 봄이 되면 다시 싹이 터 해마다 먹거리를 생산한다. 사과와 포도 같은 과일뿐 아니라 아스파라거스, 부추, 로즈마리 같은 채소와 허브 들도 마찬가지다. 다년생 식물은 처음 심을 때는 시간과 노력을 투자해야 하지만, 그다음부터는 우리에게 꾸준히 먹거리를 제공해준다.

유리창을 재배 상자 위에 설치하면, 비바람을 막아주며 땅의 온도를 유지해준다. 오른쪽 사진처럼 작은 온실같이 창틀을 달아놓으면 재배 기간을 몇 주 정도 늘릴 수 있다.

도심 속 양계장

흔히 닭들이 꼬꼬댁거리는 소리를 들으면 한적한 시골 마을을 떠올리지만, 도시에서도 이 소리를 들을 수 있다. 많은 도시에서 하루 종일 뒷마당과 복잡한 거리를 꼬꼬댁거리며 돌아다니는 닭들을 볼 수 있다.

북아메리카 전역에서 여러 가지 이유로 닭을 키우는 도시 농부들이 점점 늘어나고 있다. 이들 중에는 같은 지역 내에서 생산된 달걀의 맛과 신선도를 선호하거나, 인도적으로 키운 닭들이 낳은 알을 좋아하는 사람들도 있다. 도시에서 닭을 키우는 것이 당연한 지역에 사는 사람들도 있다. 어떤 이들은 닭장과 프라이팬 간의 거리, 즉 푸드 마일을 줄이기를 원한다. 1년에 300개의 달걀을 낳을 수 있는 한 마리 암탉은 기존의 먹거리 체계에 큰 변화를 불러일으킬 것이다.

물론 도시에서 닭을 기르는 것이 사실 닭장을 짓고 닭 몇 마리를 넣어놓는 정도로 간단한 일은 아니다. 닭들에게는 벌레를 찾아 돌아다니며 쪼아댈 땅이 필요하다. 또한 매와 같은 천적에게 잡아먹히지 않도록 보호해야 한다(뉴욕을 포함해 미국의 북동부 도시에는 맹금류가 의외로 많다). 소규모 닭장에서는 한 마리가 병에 걸리기만 해도 나머지 닭들에게 쉽게 전염된다. 그리고 닭똥은 어떻게 처리하며, 닭 모이를 먹으려고 몰려든 쥐들이 옮기는 병균이나 해충을 어떻게 막을 것인가?

이런 문제들 때문에 뒷마당에서 닭을 키우는 것을 금지하는 도시들도 있다. 그러나 도시 양계의 장점을 받아들이고, 보다 쉽게 닭을 기를 수 있도록 돕는 도시가 점점 늘어나는 추세다.

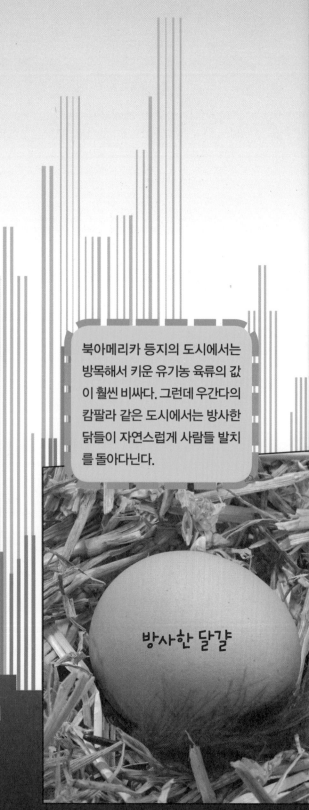

북아메리카 등지의 도시에서는 방목해서 키운 유기농 육류의 값이 훨씬 비싸다. 그런데 우간다의 캄팔라 같은 도시에서는 방사한 닭들이 자연스럽게 사람들 발치를 돌아다닌다.

방사한 달걀

유기농 달걀

많은 도시에서 닭은 법적 애완동물이다. 그러한 도시의 농부들은 달걀을 거둘 수는 있지만, 닭을 잡아먹을 수는 없다.

닭고기 맛 같기도 하고?

도시에 사는 사람들 대부분은 고기의 종류를 닭, 생선, 소, 염소, 돼지 정도로 한정한다. 어떤 사람은 오리나 양, 사슴이나 무스까지 대기도 한다(캐나다 앨버타 주에서는 제법 괜찮은 들소 고기 햄버거를 먹을 수 있다). 그러나 우리가 먹는 대부분의 고기는 수백~수천 *km* 떨어진 대규모 농장에서 운송되어 온다.

하지만 이 세상 어딘가에서는 먹을 수 있는 고기의 종류가 훨씬 더 다양하며, 집에서 가까운 곳에서 사육된 고기를 먹는다. 북아메리카와 유럽에서는 그다지 인기가 없는 말, 기니피그, 햄스터, 원숭이 등 다양한 동물의 고기를 먹기도 한다. 도시 지역에서 소비되는 고기와 달걀 및 유제품의 종류는 각 나라의 문화적 전통이나 종교에 따라 다르며, 도시에서 키울 수 있는 동물의 종류나 값 또한 천차만별이다.

우린 쓰레기가 좋아

돼지들은 먹이를 가리지 않고 무엇이든 잘 먹는다. 멕시코시티의 많은 사람들은 식당이나 가게, 빵집, 부엌에서 나온 상한 토르티야 같은 음식 찌꺼기를 먹이며 뒷마당에서 돼지를 키운다. 약 4,000*t* 이상의 음식물 쓰레기가 매립되는 대신 돼지 먹이로 사용된다.

애완동물? 아니면 고기?

기니피그를 애완동물로 키우는 사람이라면 왼쪽 사진을 보고 싶지 않을 것이다. 페루 사람들은 매년 6,500만 마리의 기니피그를 먹는다. 고단백 저지방 기니피그 고기는 소도시들을 비롯한 페루 전국에서 소비되며, 농촌에 살고 있는 가구 중 98%가 기니피그를 먹는다.

물소 우유 셰이크

파키스탄에서는 물소들이 우유의 66%를 제공한다. 물소들은 수레를 끌고 밭을 갈며, 물소의 분뇨는 밭에 뿌려 비료로 사용된다. 시골에서 도시의 시장까지 우유를 운송하려면 시간과 비용이 많이 들기 때문에, 유제품은 주요 도시 변두리 지역에서 만들어진다.

물소 젖은 새하얗고 맛이 좋으며, 우유와 마찬가지로 치즈 같은 유제품을 만들 수 있다.

유기농 사료로 키운 소고기라고?

공장형 농장에서 생산된 고기가 집 근처에서 방목해 기른 유기농 고기보다 값이 싼 이유는 무엇일까? 유기농 먹거리는 인공적인 첨가물을 쓰지 않고 키운다. 즉, 농약이나 제초제를 전혀 쓰지 않았다는 뜻이다. 유기농법을 고집하는 농부들은 천연 비료만 쓰고, 소에게 풀을 먹이는 것처럼 가축에게 자연 상태의 먹이를 주며 사육한다. 공장형 농장처럼 성장 촉진제를 주어 성장을 빠르게 하거나 각종 질병을 예방하기 위해 약품을 쓰지도 않는다. 화학적 방법을 배제하고 모든 것을 자연 그대로 키우려면 공장형 농업에 비해 노력과 비용이 매우 많이 들기 때문에 값이 오를 수밖에 없다. 한편, 콩 같은 식물성 단백질의 원료는 대체로 육류보다 싸다.

세네갈의 수도 다카르에서는 소비되는 닭고기의 65%와 우유의 60%를 도시 안에서 사육하는 가축에게서 얻는다.

도시에서 물고기 기르기

온갖 것이 뒤섞여 있는 도시는 커다란 송아지들 없이도 충분히 복잡하다. 소와 돼지들은 공간을 많이 차지하며, 고기를 얻을 만큼 크게 자랄 때까지 먹이고 키우는 데 엄청난 양의 단백질 사료가 필요하다. 보통 단백질 0.45㎏을 얻으려면 1.5㎏의 먹이가 필요한데, 물고기의 경우, 생선 단백질 0.45㎏을 얻으려면 식물성 단백질 0.9㎏이 필요하다. 이렇게 따지면 물고기를 기르는 쪽이 더 낫지 않을까?

문제는 전 세계의 물고기 수가 급감하고 있다는 점이다. 기술이 지나치게 발달하다 보니 물고기들이 충분히 번식하기도 전에 잡아버리는 것이 원인이다. 또한 돌고래, 거북이 같은 다른 해양 생물들까지 그물에 걸려 생태계를 파괴한다.

물고기들을 도시로 들여오는 것은 환경적으로나 비용적으로 문제가 크다. 그렇다면 차라리 도시에서 직접 길러보면 어떨까? 주위의 생태계에 영향을 미치지 않는 자급자족형 양식장에서 물고기를 기르면 지역 내에서 생산된 물고기를 먹을 수 있다.

수경 재배 순환법(aquaponics)

지역 내에서 갓 잡은 물고기를 맛보기 위해 꼭 강이나 바다가 있어야 하는 것은 아니다. 양식(aquaculture)업에 종사하는 사람들은 해조류나 물고기 및 게 같은 동물들을 수조에서 키운다. 최근에는 양식과 수경 재배(hydroponics)가 결합된 수경 재배 순환법이 주목받고 있다. 수경 재배 순환법이란 수조에서 물고기를 키우고 그 물을 이용해 식물을 재배하는 농법이다.

틸라피아는 초식성이며 좁은 곳에서도 잘 자라기 때문에 양식어종으로 인기가 높다.

미국은 수산물의 80% 이상을 수입하고 있다.

이미 아즈텍 문명과 고대 중국에서도 수경 재배 순환법을 사용했다.

대규모 재배

그로잉 파워(Growing Power)

'그로잉 파워(Growing Power)'는 미국의 밀워키와 시카고에 있는 농장과 지역 사회의 먹거리 센터를 운영하는 단체다. '그로잉 파워'에서는 수경 재배 순환법을 사용해 식물과 물고기를 대량으로 생산한다.

여러 층으로 된 시스템은 얼핏 보면 복잡해 보이지만 사실 펌프 한 개만 있으면 될 정도로 간단하다. 나머지는 자연과 중력이 해결해 준다. 먼저 가장 아래층에는 1.2m 깊이의 수조가 있어, 틸라피아와 옐로 퍼치를 기른다. 물고기들은 사료와 벌레, 흙에서 자라는 채소와 수조 벽면에 자라는 이끼 등을 먹고 살며 물속에 배설을 한다.

펌프는 수조 속 물을 위층에 있는 자갈층까지 끌어올리는데, 자갈층에는 물냉이라는 식물과 여러 박테리아가 살고 있다. 물냉이와 박테리아는 배설물을 분해해 물을 정화하고, 물고기 배설물 속의 암모니아는 이 과정에서 비료로 바뀐다.

정화된 물은 아래층 화단으로 배수되어 채소들을 키우고, 여기서 남은 물은 다시 수조에 공급되어 물고기를 기르는 데 쓴다. 이렇게 양식된 물고기들은 인근 식당에 팔리거나 '그로잉 파워'에서 운영하는 식료품점에서 판매된다.

소규모 재배

푸드쉐어

본래 수경 재배 순환 농장은 식물과 물고기를 대량으로 생산하도록 고안되었다. 그러나 가정과 학교에서 직접 수경 재배 순환법에 도전해보려는 사람들이 점점 늘고 있다.

물고기와 식물을 함께 기를 수 있는 '베지쿠아리움(vegequarium, 화분 어항)'은 토론토의 시민 단체 '푸드쉐어'의 저스틴 네이도의 아이디어다. 화분 어항 시스템에서 박테리아는 물고기 배설물을 식물에게 필요한 영양분으로 바꾸며, 식물들은 물을 깨끗이 정화한다.

쓰레기가 비료로

19세기 프랑스 파리를 한 번 상상해보자. 거리에는 마차와 짐마차가 가득하고 여기저기 말똥이 잔뜩 쌓여 있다. 파리의 농부들은 말똥을 재활용해 텃밭에 아주 유익한 놀라운 물질, 즉 퇴비를 만들었다.

오늘날 우리는 더욱 과학적인 방법으로 분뇨나 음식 찌꺼기 등의 쓰레기를 재사용한다. 혐기성 소화(메탄 발효)라는 말은 불쾌한 트림 소리같이 들리긴 하지만, 사실 에너지를 생산하고 쓰레기와 온실가스를 줄이는 과학적인 방법이다.

원리는 다음과 같다. 쓰레기를 산소가 없는 밀폐 용기에 넣는다. 미생물들이 쓰레기를 분해해 메탄과 이산화탄소 같은 가스를 생성한다. 바이오가스라고 불리는 이 가스들은 연소 과정을 통해 에너지로 바뀐다. 발전기는

중국의 약 500만 가구가 혐기성 소화 과정을 이용한다.

이렇게 연소된 가스를 이용해 열과 전기를 생산한다.

이 과정을 마치면 쓰레기는 질 좋은 비료로 바뀐다(분뇨보다는 냄새가 한층 덜하다). 이것들이 식물을 키우고, 그 작물이 사람과 동물의 식량이 되면 다시 앞의 과정이 반복된다.

동물의 분뇨 또한 에너지를 생산하는 데 사용될 수 있다! 분뇨를 에너지로 바꾸는 방법 중에는 바이오가스로 전환시키는 것도 있다. 이것은 생물학적 분해 과정을 통해서 이루어진다. 아래 사진에서처럼 인도에서는 바이오가스 소화조를 이용해, 소의 분뇨로 대체 에너지원인 메탄가스를 생산한다. 분뇨로 새로운 에너지원을 만들면, 온실가스도 줄이고 분뇨가 빗물에 섞여들어 농토를 오염시키는 것도 막을 수 있다.

영국은 모든 도시와 마을에서 혐기성 소화 과정을 이용하는 계획을 고려하고 있다.

58

태양열을 이용한 도시 농장

태양열은 작물을 재배하고, 난방과 전기를 제공하는 깨끗하고 혁신적인 에너지원이다. 태양 전지 패널은 도심의 거대 빌딩뿐 아니라 각 가정의 지붕에도 설치할 수 있다. 크기가 작은 전지 패널들은 비록 전력 생산량은 적지만, 유용하게 쓰인다. 아래 사진에 보이는 텃밭의 조명과 주차 요금 정산기가 태양열을 이용한 것이다!

재생 에너지는 다시 쓸 수 있는 에너지를 말한다. 태양열, 풍력, 수력, 지열뿐만 아니라 바이오 매스(폐목재와 바이오가스)에서도 재생 에너지를 얻을 수 있다.

잘게 부수기

2009년, 미국인들은 약 3,400만t의 음식물 쓰레기를 버렸다. 이 중 97%가 쓰레기통으로 직행했고, 겨우 3%만이 퇴비로 만들어졌다.

퇴비화는 음식물 쓰레기와 식물의 찌꺼기들을 잘게 분해해서 영양분이 풍부한 비료를 만드는, 단순하고 자연적인 과정이다. 퇴비를 흙에 섞어 텃밭에 뿌리면 식물들이 보다 빨리 건강하게 자라는 데 도움이 된다.

많은 도시들이 부엌에서 나오는 음식물 쓰레기의 낙엽, 잔가지, 정원에서 깎은 잔디, 잡초를 모아 대규모 공장으로 보내 비료를 만든다. 그런데 집 마당에 거름통을 마련하는 것이 그리 어려운 일은 아니다. 스스로 만들 수 있는데 굳이 원예상에서 비료를 살 필요가 있을까? 더욱이 퇴비를 직접 만들면, 땅을 비옥하게 만들 수 있고 신선한 먹거리 생산에 도움이 되는 음식물 쓰레기가 그냥 버려지는 문제를 막을 수 있다.

이 중 겨우 3이야만t이 퇴비가 되었다.

이 거름통은 도시 거주민에게 안성맞춤이다. 너무 크지 않으면서도 튼튼해서 쥐나 너구리 같은 작은 동물이 드나드는 것을 막는다.

들어갈 때는 음식물 쓰레기지만……

……나올 때는 퇴비!

🍃 당근 꼭지, 양파 껍질, 커피 찌꺼기, 엄마 몰래 버린 식빵 가장자리 등 질소가 많이 들어 있는 음식 찌꺼기들을 거름통에 넣는다.

🍃 박테리아와 곰팡이 들이 음식 찌꺼기를 잘게 부숴 분해한다.

🍃 탄소가 풍부한 톱밥, 빨래 건조기에서 나온 보푸라기, 낙엽, 종이 냅킨 등을 넣어준다.

🍃 매주 퇴비 더미를 뒤집어서 공기와 습기를 순환시킨다. 이러면 퇴비화 과정이 빨라진다.

🍃 몇 달이 지나면 퇴비 더미가 흙처럼 변한다. 완성된 퇴비를 텃밭이나 화분의 겉흙과 섞어준다.

🍃 바싹 말라 있으면 퇴비의 효과가 떨어지므로 물을 뿌려 축축한 상태로 만든다.

퇴비 상자의 내용물을 섞어주면 퇴비화 과정이 빨라진다.

물을 확보하라!

도시에는 넘쳐나는 쓰레기 이외에 다른 문제도 많다. 많은 도시에서 물이 점점 부족해지고 있고, 전 세계 인구의 1/3은 물 부족 지역에 산다. 예를 들어 수도 시설이 없는 집이 대부분인 탄자니아의 다르 에스 살람에서는 물장수에게 물을 사기 위해 수입의 10%를 쓴다.

개발도상국만 물 부족에 시달리는 것은 아니다. 북아메리카를 비롯한 선진국의 도시들 또한 물이 부족하다. 많은 곳에서 마시고, 요리하고, 씻고, 변기 물을 내리는 데 필요한 물을 충분히 확보하기 위해 물을 아껴 쓰자는 물 절약 프로그램을 도입했다.

미국 캘리포니아 주 버클리의 '마틴 루터 킹 주니어 중학교'는 '물 마시는 운동장(Edible Schoolyard)'이라는 프로그램을 통해 학생들에게 물을 모으는 방법을 가르치고 있다. '물 마시는 운동장'의 빗물 집수 시스템은 비가 250㎜ 내릴 때마다 757ℓ씩 저장하여, 총 22,712ℓ에 달하는 빗물을 저장할 수 있다. 학생들은 이 물을 유기농 먹거리를 키우는 데 사용하며, 직접 기른 먹거리들로 요리하는 법도 함께 배우고 있다.

영속농업(permaculture)은 자연 환경과 조화를 이루는 농업 방식이다. 이 농법은 자연을 교란시키는 대신 텃밭을 주위 생태계의 일부가 되게 하고 계절의 변화와 하루의 리듬을 따른다. 영속농업으로 가꾼 텃밭은 물, 흙, 태양같이 재생 가능한 천연 자원을 이용한다.

낙수 홈통 밑에 빗물받이 통을 놓는 것만으로, 아주 간단하게 물을 모을 수 있다. 빗물받이 통에 수도꼭지를 달면 모인 빗물을 쉽게 사용할 수 있다.

62

물 저장탑

콜로라도 강은 미국 네바다 주의 라스베이거스에서 쓰이는 물의 90%를 공급한다. 네바다 주에 위치한 이 도시는 1990년 이후 인구가 2배로 늘어났다. 강의 수위가 가뭄 때보다 더 떨어지자—최근 몇 년 동안 이런 경우가 여러 번 있었다—50만 명 이상이 물을 절약할 방법을 찾아야 했다.

디자이너 크리스 제이콥스는 라스베이거스를 위해 30층짜리 원형 생태 탑을 디자인했다. 이것은 응결된 물과 오수를 깨끗이 정화해 탑 안의 식물들에게 물을 주게 될 것이다. 초현대적으로 보이는 이 탑은 지금은 종이 또는 스크린 위에만 존재한다. 하지만 라스베이거스 같은 거대 도시들이 이런 혁신적인 아이디어를 실행에 옮길지 아니면 모두가 목마름에 시달릴지 선택해야 하는 것은 시간문제다.

전 세계적으로 깨끗한 물의 약 70%는 작물을 키우는 데 쓰인다. 이집트를 비롯한 세계 여러 나라들은 대부분의 식량을 수입한다. 물이 부족해 국내에서 작물을 재배하기 어렵기 때문이다.

극심한 물 부족에 시달리는 도시들은 골프장 건설을 재고하고 있다. 전 세계 3만 2,000개의 골프장이 넓은 잔디밭을 싱그러운 녹색으로 유지하려면 날마다 95억ℓ의 물이 필요하다. 골프장보다 더 절실한 곳에 물이 쓰일 수도 있는데 말이다.

Part 4 식물이 가져오는 변화

당신이 거둔 수확으로
매일매일을 판단하지 말고
당신이 심은 씨앗으로 판단하라.

• 로버트 루이스 스티븐슨 「지킬 박사와 하이드」의 작가

크게 생각하기

"생각은 크게, 행동은 사소한 것부터"라는 말의 기원은 잘 모르겠지만, 이제 이 말은 수백만 명의 뚜렷한 지침이 되었다. "생각은 크게, 행동은 사소한 것부터"는 환경을 구하거나 굶주린 사람들을 돕는 등 전 지구적인 문제들이 우리가 사는 동네, 학교, 또는 뒷마당에서 행동하고 실천함으로써 해결의 실마리를 찾을 수 있다는 발상을 알려준다.

작은 행동들이 모이면 엄청난 변화를 불러일으킨다. 그리고 한 가지 이유에서 일단 움직이기 시작하고 나면, 다른 이유들을 수없이 발견하기도 한다. 예를 들어 야외 활동을 좋아해서 공동체 텃밭에 참여한 사람은, 그곳에서 새 친구들을 사귀게 되고, 식비가 절약되며, 보다 아름다운 동네를 만들고 있는 자신을 발견하게 될 것이다.

그렇다면 굶주린 지구를 위해 무엇을 할 것인가? 흙을 비옥하게 만듦으로써? 학교나 공동체의 정신을 키움으로써? 나는 어떤 변화의 씨앗들을 심을 수 있을지 잘 생각해보자.

공동체의 일원 되기

도시는 살아가기 무척 힘든 곳이다. 그러나 사람들은 삽 한 자루와 공동체 정신으로 길들여질 수 있는 곳 또한 도시라는 사실을 깨닫고 있다.

새로 이사 온 사람들은 공동체 텃밭 프로 젝트에 참여해서 이웃과 얼굴을 익히고 친해질수 있다.

격려의 기회

매사추세츠 주의 보스턴 대도시권과 노스 쇼어의 '푸드 프로젝트(The Food Project)'에서 먹거리를 키우는 더 큰 목적은, 10대들로 하여금 다른 사람들에게 영감을 주고 격려하여 지역 사회의 변화를 이끌어내는 데 있다. 이 프로젝트는 여름방학 동안 14~17세 사이의 학생들에게 도시와 근교 농장에서 작물을 심고 잡초를 제거하며 생산물을 수확하는 일자리를 제공한다. 고용된 학생들은 기아 구호 단체를 위해 점심 식사를 제공하고, 수확물을 지역 내 농산물 직거래 장터에 내다 판다. 학년 내내 D. I. R. T.(Dynamic Intelligent Responsible Teenagers, 역동적이고 지적이며 책임감 넘치는 10대) 멤버들은 회의에 참가해 녹색 공간을 디자인하는 법을 배우고 자원봉사자들 사이에서 리더 역할을 맡을 기회도 얻는다.

내 것은 네 것

'셰어링 백야드 닷컴(Sharingback-yards.com, 뒤뜰 나누기)'이라는 사이트는 미국과 캐나다, 뉴질랜드의 도시민 중 마당이 없는 사람들과 자신의 땅을 기꺼이 나누려는 이들을 연결해준다. 각 도시의 지도를 클릭하면 이용할 수 있는 마당과 간단한 정보를 얻을 수 있다.

의미 있는 노동

시카고의 '우드 스트리트 어반 팜(The Wood Street Urban Farm, 가로수길 도시 농장)'은 1992년에 실업자와 홈리스를 위한 교육 프로그램으로 설립되었다. 농장 규모는 겨우 $0.27ha$에 불과하지만, 이곳에서 생산되는 유기농 먹거리는 $4,536kg$이나 되며, 참여자들에게 의미 있는 노동과 기술을 교육함으로써 그들의 삶을 개선하고 있다.

에든버러의 공동체 텃밭에서는 레몬이나 코코넛같이 이국적인 과일을 기를 수는 없지만 구성원들 간에 우정과 유대감을 쌓을 수 있다.

고향의 맛

낯선 도시로 이사하는 것도 어려운 일인데, 다른 나라로 이주하는 것은 더욱 힘들다. 가족과 친구 들과 떨어져 생활하고, 때로는 낯선 언어도 배워야 하기 때문에 이주민들은 외로움을 느끼기 마련이다. 특히 슈퍼마켓에 진열된 채소들 중에 친숙한 것들이 눈에 띄지 않을 때 어려움은 더욱 커진다.

이때 고향에서 가져온 씨앗들을 심으면 크나큰 위안이 될 수 있다. 물론 흙과 기후가 다르기 때문에 새로운 도시에서 재배하기 쉽지 않은 품종도 있을 것이다. 예를 들어 바나나 같은 열대 과일들은 미국 미니애폴리스-세인트 폴 지역의 혹독한 겨울과 짧은 생육 기간을 견딜 수 없을 것이다. 그러나 카리브 해 지역에서 자라는 칼라루(시금치 비슷한 채소)는 기후와 상관없이 매우 잘 자라기 때문에 수확 때마다 고향의 맛을 조금이나마 느끼게 해준다.

칼라루는 카리브 해 동쪽의 섬인 바베이도스에서보다 보스턴에서 더 잘 자란다.

🌱 생각의 씨앗

모든 먹거리를 뒷마당에서 키우는 것은 사실 힘든 일이다. 특히 춥기로 유명한 캐나다의 위니펙 같은 지역에서 바나나를 기르기란 정말 어렵다. 그렇다고 인근 지역의 농부들을 매번 찾아가 구입하기도 힘들다. 어떤 것을 사야 먹는 사람과 재배하는 사람, 환경 모두에 이로울까? 바나나, 망고, 초콜릿, 커피를 살 때 공정 무역 마크를 확인하는 것도 한 가지 방법이다. 공정 무역 마크가 있는 제품들은 생산자에게 정당한 가격을 지불한다. 다시 말해 판매자들이 지역 공동체와 사업에 더 투자함으로써 농장과 학교, 의료 서비스 또는 필요 시설들을 개선한다는 것을 의미한다.

공정 무역 마크가 있는 제품을 고르자.

녹색이 이룬 변화

케냐의 수도 나이로비 키베라 지역은 원래 쓰레기 하치장이었다. 이제 이곳에는 나이로비 인구의 1/3인 100만 명 이상이 살고 있다. 키베라 주민들은 반 이상이 실직자인 최빈곤층에 속하고 오염, 질병, 마약, 범죄에 둘러싸여 산다.

그런데 뜻밖에도 한 단체가 아프리카에서도 손꼽히는 슬럼가 중 하나인 이곳에 변화를 가져왔다. '키베라 청년 개혁회(Kibera's Youth Reform Group)'는 주로 20대 후반의 젊은이들로 구성된 단체다. 그들은 몇 주 동안 슬럼 지역의 쓰레기를 치웠는데, 만만치 않은 작업이었다. 쌓인 쓰레기의 높이가 무려 3m나 되었기 때문이다. 105일 이상 작업한 끝에 청년들은 '그린 드림스(Green Dreams, 녹색의 꿈)'라는 유기농 단체의 도움으로 쓰레기를 치운 공간을 작은 농장으로 탈바꿈시켰다.

새내기 농부들은 열대 기후에서 먹거리를 키우는 방법을 배우는 한편 건기 동안 물탱크에서 끌어온 물을 텃밭에 대는 법도 배웠다. 깨끗한 물의 일부는 지역 사회에 팔기도 하는데, 키베라 지역에는 안전한 수원이 없기 때문이다.

텃밭은 겨우 70m×15m에 불과하지만, 이곳에서 일하는 농부들의 가족이 충분히 먹고, 남은 것은 팔 수 있을 만큼의 충분한 먹거리가 생산된다. 또한 그들이 동네에 맑은 공기를 가져다주었다는 사실 역시 중요한 소득이다.

'키베라 청년 개혁회 유기농장'은 만드는 데 넉 달 가까이 걸렸다. 여러분의 학교나 도시에 그만큼의 시간을 들이면 무엇을 이룰 수 있을까?

쓰레기 더미에서······

케냐 키베라의 슬럼 지역

청소를 거쳐……

'키베라 청년 개혁회 유기농장'에는 예쁜 해바라기들이 나란히 피어 있지만, 씨를 먹을 수는 없다. 해바라기는 토양 속 아연과 중금속을 흡수한다. 이 해바라기들은 작물을 심기 전 토양을 정화할 목적으로 심은 것으로, 오염 물질로 가득한 해바라기씨를 먹는 것은 대단히 위험하다.

……먹거리 가득한 곳으로!

자동차 공업 도시에서 생장 도시로

디트로이트는 자동차 산업의 중심지이자 미국에서 가장 부유한 도시 중 하나였다. 그러나 자동차 산업이 하향세에 접어들면서, 디트로이트의 미래도 내리막길에 접어들었다(2013년, 디트로이트는 결국 파산했다—옮긴이). 1950년 이후 디트로이트 시민의 반 이상이 떠났고, 인구는 200만 명에서 100만 명 이하로 줄었다. 수많은 공장들이 문을 닫았고, 집들은 버려진 채 무너져 내렸다. 비좁은 나머지 터지기 일보직전인 다른 도시들과 달리 디트로이트는 현재 사람보다 빈 공간이 더 많다.

이런 암울한 상황 속에서도 긍정적인 변화가 있다. 디트로이트의 공터에서 도시 농업이 가능해지면서 서서히 활기를 되찾게 된 것이다. '어반 파밍(Urban Farming, 도시 농업)'이라는 자선단체는 디트로이트 전역에 텃밭을 만들어 지역 공동체들이 가꿀 수 있게 했고, 수확물은 무상으로 나눠준다. 그리고 '한츠 팜스(Hantz Farms)'라는 기업은 디트로이트에 이른바 세계에서 가장 큰 도시 농장을 세울 것을 계획하고 있다. 도시 농업이 크게 커 나가길 기대하기 때문이다.

자원봉사자들이 힘을 합쳐 디트로이트에 도시 농장을 만들고 있다.

10대 엄마들에게 힘을

임신한 10대들과 어린 엄마들을 위한 고등학교 '캐서린 퍼거슨 여학교'에서는 학생들 자신들의 생활은 물론 다른 사람들의 운명까지 바꿔놓았다.

이 학교에서는 학생들에게 가족을 돌보는 방법을 가르칠 뿐 아니라, 농업 과학 수업을 통해 먹거리를 키우고, 벌을 치고 닭과 토끼 등 가축을 키우는 방법 또한 교육했다. 농업 과학과 학생 3명과 담당 교사는 2010년 남아프리카공화국의 소웨토에서 개최된 '국제 도시 청년 사업가 회의'에 참석해 자신들의 지식을 다른 젊은 농부들과 나눴다. 전 세계적으로 언론의 관심을 받았고 이 학교에 대한 다큐멘터리까지 제작되었다. 하지만 공립학교에 대한 지원금 삭감으로 '캐서린 퍼거슨 여학교'는 2011년 폐교될 위기에 처했고, 현재 대안 학교로 운영되고 있다.

🌱 생각의 씨앗

전 세계적으로 소년들에 비해 소녀들에게는 아직도 기회가 훨씬 적다. 소녀들은 집에서 어머니를 도와 형제자매를 돌보거나 물 긷는 일 등 집안일을 하느라 학교를 빼먹곤 한다. 이런 가정들이 집 근처에서 신선한 먹거리와 물을 구할 수 있도록 돕는 프로젝트는 소녀들의 부담을 덜어주며, 이들이 자신의 재능을 빛낼 수 있는 더 많은 기회를 제공한다.

스와질란드의 청소년들은 학교를 다니면서 학교의 급식용 텃밭을 가꾼다.

도시 농부의 대다수는 여성이다. 이들은 가족을 먹일 작은 텃밭을 일군다.

뒷마당 습격 작전

교외에 사는 사람들 또한 도시민과 같은 문제를 안고 있다. 대부분은 먹거리를 슈퍼마켓에서 사는데, 이곳에서 파는 물건들은 대개 매우 멀리서 온 것이다. 그러나 교외에 사는 일부 사람들은 많은 도시 가정에 비해 유리한 점이 있다. 바로 뒷마당이 있다는 점이다.

'뒷마당 습격 작전(Backyard Blitz)'이라는 오스트레일리아 텔레비전 프로그램에서는 흉하게 방치된 뒷마당을 아름다운 녹지로 바꿔놓는다. 이 작전명은 '영속 습격 작전'이라는 새로운 개념을 탄생시켰다. 바로 영속농업 지침의 '영속'과 빠르고 인상적인 '습격 작전'을 결합시킨 것이다.

이 프로그램에서는 다양한 연령대의 자원봉사자들이 모여 영속농업 기술을 함께 나누고 단 하루 만에 뒷마당을 채소들로 가득한 텃밭으로 바꾸어 놓는다. 그런데 여기에는 한 가지 조건이 있다. 자기 집이 습격받길 바란다면, 우선 3번 이상 습격 작전에 자원봉사자로 참여해야 한다. '영속 습격 작전'은 단순히 비어 있는 자신들의 뒷마당을 활용하도록 권장하는 데 그치지 않고 주민들의 참여를 북돋는다.

교외에 위치한 마을은 먹거리를 재배할 수 있는 공간이 상당히 넓다.

🌱 생각의 씨앗

1932년, 저명한 건축가인 프랭크 로이드 라이트는 자신의 책『사라져가는 도시』에서 '브로드에이커 시티(Broadacre City)'라는 지역 사회를 건설할 계획을 밝혔다. 그는 한 집당 먹거리를 키울 공간을 적어도 0.4*ha* 이상 갖춘 교외 지역을 구상했다. 오늘날 교외의 많은 집에는 먹거리를 키울 공간이 넉넉하지만, 실제로 텃밭을 가꾸는 경우는 흔치 않다.

나에겐 어떤 텃밭이 어울릴까?

아파트에서 주택으로 이사해 채소와 꽃을 심고 싶어 하는 사람에게는 뒷마당이 넓고 기름진 흙이 있는 교외가 안성맞춤이다.

이분은 의사로부터 운동과 맑은 공기가 필요하다는 진단을 받았다. 이제 은퇴했기 때문에 새로운 사람들도 사귀어야 한다. 그렇다면 집에서 너무 멀지 않은 공동체 텃밭이 좋을 것이다.

한 학기 동안 식물을 기르며 관찰하고, 기록해야 하는 아이들에게는 집 안 창턱에 조그마한 화분 텃밭을 만들어준다.

이 젊은 부부는 도시에서 꽃가게를 운영할 계획을 갖고 있기 때문에, 믿을 만한 생화 구입처를 찾고 있다. 온실을 갖춘 대규모 지역 농장과 동업 계약을 맺으면 겨울에도 싱싱한 꽃을 공급받을 수 있을 것이다.

학교 교육용 텃밭

삽과 씨앗을 챙겨서 나가기 전에, 먼저 학교 교육용 텃밭을 가꾸는 데 필요한 사항을 체크해보자.

어디에 심을까?

사람들이 많이 지나다녀 작물을 밟거나 주위에 쓰레기를 버릴 만한 장소는 피한다. 나중에 넓힐 수 있는 작은 공간을 고르는 게 좋다. 대부분의 채소는 햇빛을 오래 받아야 한다는 사실을 기억하고, 가까이에 호스와 물통 등으로 물을 공급할 수 있는지 확인한다. 또한 흙에 영양분을 주기 위해 퇴비를 섞어준다.

무엇을 키울까?

지금 살고 있는 곳의 기후에는 어떤 작물이 알맞을까? 햇빛은 얼마나 받을 수 있고 언제쯤 수확할 수 있는지도 알아보자. 예를 들면 봄과 가을에는 상추를 수확할 수 있다. 학생들이 거의 없는 여름방학에 수확해야 하는 작물도 있으니 주의하자. 꽃과 여러 관상용 식물을 심어도 좋다.

인도의 학생들이 학교 텃밭을 가꾸고 있다.

자기 텃밭이라는 표시와 지켜야 할 사항(예를 들어 "우리 텃밭을 주의해 주세요")을 적은 표지판을 세우자. 그리고 각 작물에 이름표를 달아준다.

비용은 얼마나 들까?

농기구, 흙, 퇴비, 씨앗, 통 등 필요한 것들을 적어보자. 비용이 비싸다면 일부 또는 모두를 빌릴 수도 있고 기증을 받을 수도 있다.

수확물을 어떻게 할까?

밭에서 수확한 먹거리들은 집으로 가져가거나, 팔거나, 학교 식당에서 재료로 쓰거나, 푸드 뱅크 같은 단체에 기부할 수도 있다. 수확물을 어떻게 할지 의논해 보자.

이 어린이들은 아직 초등학생이지만 엄마들의 도움을 받아 벌써부터 텃밭을 가꾼다.

선생님들은 텃밭을 어떻게 이용할까?

선생님들은 텃밭을 일구는 것이 어떤 교육 효과가 있는지, 그리고 어디에, 무엇을 얼마나 심으면 좋을지 조언해주실 것이다. 체육이나 과학, 사회 과목 선생님들께 텃밭 이용 방법에 대해 여쭤본다.

누가 돌볼까?

대부분의 학교 텃밭은 한 학급이나 원예반에서 맡아 돌본다. 동아리를 만들려면 먼저 교장 선생님께 허락을 받아야 하며, 지도 선생님으로 어른(선생님, 부모님, 또는 원예 전문가)을 모셔도 좋다.

언제 돌보는 게 좋을까?

수업 시간에 텃밭을 돌볼까? 아니면 방과 후, 주말, 그리고 공휴일을 활용해볼까? 학교 근처나 주변 지역에 원예 동호회가 있다면 도움을 받을 수 있을 것이다.

일단 계획을 세운 뒤에는 선생님, 학교 관리인, 학생, 학부모, 그리고 지역 공동체의 지원이 필요할 것이다. 예산안과 텃밭 지도를 포함한 계획서를 보여드리자. 어른들이 계획을 검토하고 나면 수정할 부분이 생길지도 모른다. 어쩌면 더 멋진 아이디어들이 추가될 수도 있다!

흙과 퇴비 포대들을 옮기려면 차가 필요할 수도 있다. 주변 어른의 도움을 받을 수 있는지 알아보자.

'모두를 위한 건강하고 좋은 먹거리'를 장려하는 단체, '푸드쉐어'는 '먹거리 바로 알기' 과정이 캐나다의 모든 학교에서 교과 과정에 포함되기를 바란다. '먹거리 바로 알기'란 먹거리가 어디서 오고, 그것을 어떻게 재배하고 요리하며, 어디서 사야 하는지, 음식 찌꺼기로 어떻게 퇴비를 만드는지 알게 되는 것을 의미한다. 푸드쉐어는 모든 학생들이 고등학교를 졸업하기 전에 올바른 먹거리 교육을 받아야 한다고 주장한다.

텃밭으로 똑똑해지기

학교 운동장을 둘러보자. 무엇이 보이는가? 아스팔트? 듬성듬성 자란 풀? 그 공간 중 일부라도 먹거리를 키우는 데 활용하면 어떨까? 버려진 교외의 뒷마당처럼, 도시의 많은 학교에는 아예 쓰지도 않고 내버려둔 땅이 많다. 그런 땅 중 일부를 꽃이나 나무, 관목들뿐 아니라 먹거리를 키우는 데 이용할 수 있다.

학교 텃밭은 원예, 생물, 영양, 조경, 요리법, 환경학 등 여러 과목에서 부교재로 활용될 수 있다.

학교 텃밭이 제공하는 것들

- 학생들이 낮 동안에 밖에서 신체활동을 할 수 있다.
- 학생들에게 여름방학 동안 아르바이트를 제공한다.
- 수확물을 팔아 학교 기금을 마련한다.
- 건강한 먹거리를 적은 비용으로 학생들에게 제공한다.
- 도시의 어린이들이 즐길 수 있는 깨끗한 녹지를 제공한다.
- 함께 텃밭에서 일하면 협동심이 생기고, 리더십을 기를 기회가 생긴다.
- 영국 왕립원예협회의 조사에 따르면 텃밭을 가꾸는 어린이들은 학교생활을 더 잘하고, 직업 능력이 더 발달하며, 자신감이 더 높았다.
- 학교 부지에 만든 공동체 텃밭을 통해 학생들과 이웃 주민들이 소통할 수 있다.
- 텃밭은 아스팔트보다 훨씬 보기가 좋다.

학교 장터

캐나다 토론토에 위치한 '벤데일 상업기술학교(Bendale Business and Technical Institute)'는 캐나다에서 최초로 상업적 목적을 겸한 학교 텃밭을 운영하고 있다. 학생들은 '푸드쉐어'의 도움으로 너비 $1.2m$, 높이 $6～12m$인 돋움 화단 여러 곳에 작물을 심었다. 텃밭에는 거름통, 온실, 물을 모으는 빗물받이와 같은 필요한 시설을 갖추었다.

조경과와 원예과 학생들은 학기 중에도 텃밭을 가꾸며, 여름방학에는 아르바이트 삼아 텃밭을 돌본다. 수확된 작물 일부는 요리 수업에 쓰이고, 학교 식당에 제공된다. 나머지는 매주 학생들이 여는 장터인 '벤데일 텃밭 시장(Bendale Market Garden)'에서 팔린다.

깊이 생각하지 않고 읽는 것은
소화시키지 않고 먹는 것과 같다.

• **에드먼드 버크** 아일랜드의 정치가, 작가, 철학자

지금까지 살펴보았듯이, 변하고자 하는 의지만 있으면 많은 것을 이룰 수 있다. 그리고 많이 움직일수록 더욱 많은 것을 이루어낼 수 있다! 자신이 겪은 긍정적인 경험담을 공유하며 다른 사람들을 북돋아주자. 친구나 같은 반 학생들, 이웃 및 시의회 전부 말이다.

　이 지도는 가상의 지역 공동체에서 먹거리를 키우고, 팔고, 요리하고, 먹을 수 있는 곳들을 보여준다. 이를 참조해 지금 살고 있는 도시의 지도를 만들어보자. 그리고 먹거리 거점들뿐 아니라 텃밭을 일구어야 할 곳들도 표시해보자. 가능성 높은 장소와 각각의 문제점을 파악하고 나면, 계획을 세우고 행동으로 옮기기도 쉽다.

먹거리 사막

"감자튀김이 너무 많아 질릴 정도야."

발코니의 딸기들

옥상 텃밭

피자

신토불이 식당

창가에서 키우는 시금치 화분

이 지역에서 키운 재료들로 요리하는 식당

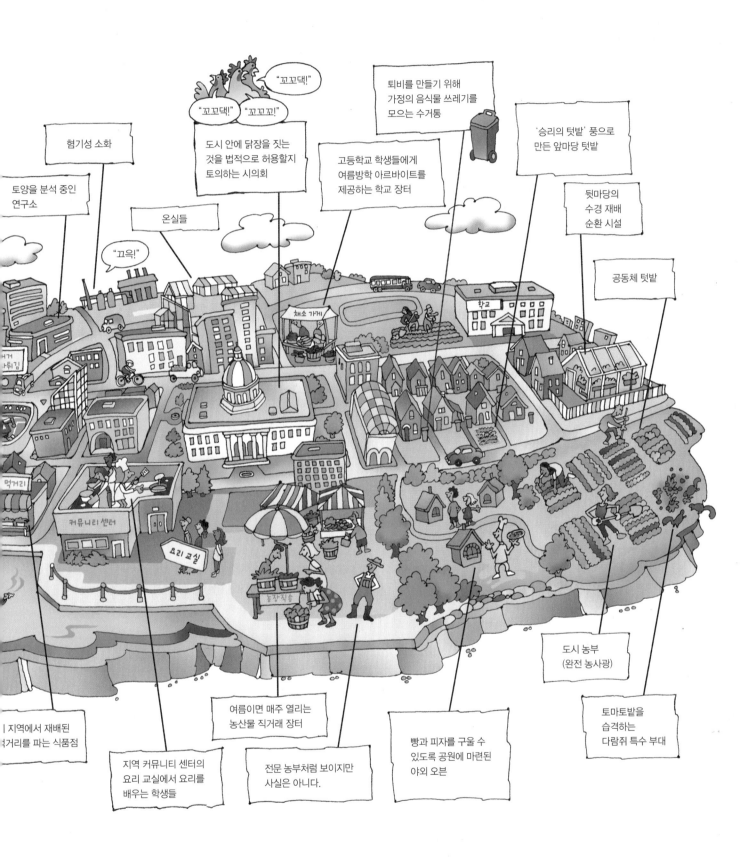

용어 설명

가축: 가정이나 농장에서 키우는 소, 돼지, 양, 개, 닭 등의 동물들

개발도상국: 경제 개발이 덜 되고 산업의 근대화가 뒤처진 나라

건축가: 건축에 대한 전문적인 지식과 기술을 가지고 건물 등의 구조물을 설계하는 사람

건축 구조 기술사: 건물과 다리 등의 구조가 튼튼하고 안전한지 확인하는 전문가

공동체 텃밭: 지역 사회 공동체의 구성원이 함께 가꾸고 운영하는 텃밭

공정 무역: 농민이나 생산자에게 정당한 가격을 보장하는 공정 무역 협정에 의해 상품을 사거나 파는 행위

교외: 도시 주변부의 주거 지역들

교잡 수분: 한 식물의 꽃가루를 다른 식물의 암술머리에 옮겨 여러 식물의 특성을 함께 지닌 새로운 종류의 식물을 만드는 것

극도의 빈곤 상태: 재화의 부족으로 생존에 필요한 물건을 획득할 수 없어 최저의 생활 수준도 유지하지 못하는 상태

농업: 땅을 이용하여 인간 생활에 필요한 식물을 가꾸거나 유용한 동물을 키우는 산업

농업 과학: 농작물이나 가축의 생산과 효율성을 높이기 위해 품종의 선정과 개량, 사육 방법, 농장 경영 방법 등을 연구하는 학문

농장: 농토나 농작물을 관리하고 농사에 필요한 모든 시설을 논밭 근처에 갖춰 놓은 건물

다년생 식물: 생장주기를 가지고 2년 이상 사는 식물

도시: 일정한 지역의 정치·경제·문화의 중심이 되며 사람들이 밀집해 사는 지역

도시 농업(도시 농경): 도시 안에서 작물이나 가축, 물고기를 키우는 것

도시화: 서비스업이나 유통 기능의 증대, 공공시설의 증가, 토지의 집약적 이용 등 도시의 문화 형태가 도시 이외의 지역으로 발전 확대되는 현상

도축: 고기를 얻기 위해 가축을 잡는 일

먹거리 바로 알기: 먹거리가 어디서 어떤 방식으로 생산되며, 그 재료를 요리하는 방법과 파는 곳, 음식물 쓰레기를 활용해 퇴비를 만드는 방법까지, 먹거리가 순환하는 일련의 과정을 이해하는 것

메가시티: 도시와 그 주변부에 거주하는 사람들을 합쳐 인구수가 1,000만 명 이상인 도시

물 저장탑: 농업이나 기타 여러 용도로 사용하기 위해 빗물을 모으는 탑

미니 텃밭: 자루나 빈 통, 화분 등에 식물을 심고 가꾸는 아주 작은 텃밭

바이오가스: 미생물의 분해 작용에 의해 유기질 쓰레기에서 생산되는 메탄, 수소 등의 가스. 전기나 열 에너지원으로 사용된다.

박테리아: 다른 생물체에 기생해 병을 일으키기도 하고, 발효와 부패 작용을 일으켜 생태계 물질 순환에 중요한 역할을 하는 미생물

방목: 동물들이 농장의 실내 또는 야외에서 자유롭게 돌아다닐 수 있도록 풀어 놓고 기르는 사육법

비료: 질소, 인산, 칼륨 등을 포함하고 있어 식물이 더 잘 자라도록 흙에 뿌리는 영양 물질

빈곤: 의식주를 해결하는 데 필요한 재화나 자원이 충분치 않은 상태

산업 단지: 공장 등 산업 시설이 밀집해 모여 있는 장소

살충제: 사람, 가축, 농작물에 해가 되는 곤충, 동물, 곰팡이 등을 죽이는 화학 물질

상업: 상품을 사고팔아 생산자와 소비자 사이에서 재화를 전환시키며 이익을 얻는 일

선진국: 다른 나라보다 정치·경제·문화 등이 발달한 나라

성장 촉진제: 적은 양으로 식물의 생장과 발육을 빠르게 진행시켜 주는 물질

소화조: 폐수 등을 깨끗이 만드는 커다란 통. 쓰레기 속의 유기 물질이 미생물의 작용으로 썩으면서 찌꺼기는 가라앉고 물과 가스 층으로 분리된다.

수경 재배: 배양액 또는 자갈이나 펄라이트 등을 넣은 물에서 작물을 키우는 것

수경 재배 순환법: 수경 재배와 물고기 양식을 결합시킨 양식법

수입: 상품이나 재화를 외국에서 들여오는 것

순환기: 심장, 동맥, 정맥 등의 혈관 계통과 림프관 계통을 함께 일컫는 말. 몸 전체에 피를 순환시켜 골고루 영양을 공급하면서 노폐물을 수용하는 신체 기관

시골: 도시에서 떨어져 있고 인구수가 적으며 개발이 덜 돼 자연을 접하기 쉬운 지역

식량 안보: 안전하고 영양이 풍부한 먹거리를 충분히 확보하는 것

식품 사막: 식품점이 멀리 떨어져 있거나 아예 없는 지역

신토불이형 인간(로커보어, locavore): 거주지 인근이나 국내에서 생산된 먹거리만을 먹는 '지역 먹거리 운동'의 구성원

양식: 물에 사는 동물과 식물을 기르는 것

영속농업: 환경에 부담을 주지 않고 계속 농사를 지을 수 있는 방법으로, 과도한 농약이나 비료 사용으로 인한 생태계 파괴와 토양 악화를 방지하는 친환경농업과 유기농업을 모두 가리키는 말

영양소: 단백질, 비타민 등 성장을 촉진하고 호흡과 같이 생물이 생활하는 모든 과정에서 필요한 에너지를 공급하는 영양분이 있는 물질

오염: 자연 환경을 더럽히는 것

오염원: 자동차 배기가스, 공장 폐수 등 환경오염의 근원이 되는 것

온실가스: 대기 중에 열을 가두는 온실효과를 일으켜 지구 온난화를 발생시키는 이산화탄소, 메탄 등의 가스들

유기농: 화학 비료나 농약 등 화학 물질을 쓰지 않고 유기물을 이용하는 농사법

유엔(국제연합, UN): 192개의 가맹국을 가진 국제단체. 평화, 권리와 자유에 힘쓰고 기아, 질병, 문맹, 빈곤 같은 문제의 해결을 위해 국제적 협력을 달성하기 위해 창설되었다.

이어짓기: 같은 땅에 동일한 작물을 여러 번 심어 가꾸는 일

이종 교배: 한 종류의 생물에서 다른 형질을 가진 개체를 서로 교배시키거나 다른 종의 생물 사이에서 교배시키는 것

자원: 인간의 일상생활과 경제생활에 이용되는 재료, 돈, 서비스 또는 지식

재생 에너지: 태양, 바람처럼 자연적으로 다시 만들어지는 천연 자원에서 얻는 에너지

제초제: 농작물은 해치지 않고 잡초만 제거하는 화학 물질

종자식물: 생식 기관인 꽃이 있고 열매를 맺으며 씨로 번식하는 고등 식물

증산 작용: 식물 안의 수분이 주변의 열을 흡수하면서 수증기로 기화되어 공기 중으로 배출되는 현상

지구 온난화: 지구의 대기권과 바다의 연간 평균 온도가 상승하는 현상. 생태계 변화 및 해수면 상승으로 해안선이 달라지는 등 환경 문제를 유발한다.

퇴비(거름): 풀, 짚이나 가축의 배설물을 썩힌 것으로, 식물이 잘 자랄 수 있도록 흙에 영양소를 공급하기 위해 뿌리는 물질

패스트푸드: 햄버거, 프라이드치킨 등 주문하면 짧은 시간 안에 완성되어 제공되는 식품

푸드 마일: 먹거리가 생산된 곳에서 소비자의 식탁까지 이동한 거리

혐기성 소화: 미생물을 이용하여 폐수나 쓰레기의 오염 물질을 분해해서 처리하는 일

텃밭을 가꾸기 전에 읽으면 좋은 책

〈교사와 학부모를 위한 학교 정원 가꾸기〉 아덴 버클린-스폰서 · 레이첼 캐서린 프링글 지음,
  최영애 · 권혜진 옮김, 학지사, 2011

〈꼬마 농부의 맛있는 텃밭: 내 손으로 키우고 요리하는〉 DK편집부 엮음, 이현정 옮김, 청어람미디어, 2013

〈농, 살림을 디자인하다-퍼머컬쳐로 이루는 농업살림, 농장살림, 농촌살림〉 임경수 지음, 들녘, 2013

〈도시농부 올빼미의 텃밭 가이드〉 유다경 지음, 시골생활, 2013

〈도시 농업-도시 농사꾼이 알아야 할 모든 것〉 (사)전국귀농운동본부 텃밭보급소 엮음, 들녘, 2011

〈도시 농업〉 데이비드 트레시, 심우경 · 허선혜 옮김, 미세움, 2012

〈두근두근 처음 텃밭〉 석송연 지음, 위즈덤스타일, 2012

〈베란다 채소밭: 상추, 콩나물, 딸기부터 수박가지 웬만한 건 다 키워먹는〉 박희란 지음, 로그인, 2010

〈열두 달 베란다 채소밭: 누구나 쉽게 길러 먹는〉 장진주 지음, 조선앤북, 2012

〈우리 학교 텃밭: 초등학교에서 많이 심는 채소 9종과 곡식 3종 가꾸기〉 노정임 외 글, 안경자 그림,
  노환철 감수, 철수와영희, 2012

〈텃밭 정원 가이드북〉 오도 지음, 그물코, 2013

〈How to Guzzle Your Garden〉 Jackie French, HarperCollins Publishers, 2000

〈Roots, Shoots, Buckets & Boots: Gardening Together with Children〉 Sharon Lovejoy,
  Workman Publishing Company, Inc., 1999

〈The Gardening Book〉 Jane Bull, DK Publishing, Inc., 2003

〈The Jumbo Book of Gardening〉 Karyn Morris, Illustrated by Jane Kurisu, Kids Can Press, 2000

유용한 사이트

텃밭에 대한 정보 또는 아이디어가 더 필요하다면 다음 웹사이트를 참조하자.

American Community Gardening Association
www.communitygarden.org
ACGA는 미국과 캐나다의 지역 사회 텃밭 네트워크다. '반항아 토마토(Rebel Tomato)' 웹 툴이 지역 사회나 학교 텃밭을 시작할 수 있도록 단계별로 안내해준다.

City Farmer News
www.cityfarmer.info
최신 정보가 자주 올라오는 온라인 허브는 전 세계의 도시 농업 뉴스를 제공한다.

DooF
www.foodbackwards.com
('food'를 거꾸로 쓴) 영리한 이름을 가진 DooF는 어린이들에게 그들의 먹거리가 재배된 곳부터 식탁까지 여행하는 모습을 비디오와 다양한 미디어를 통해 보여준다.

Farm to School
www.farmtoschool.org
미국 전역의 학교들과 지역 농장들을 연결시켜주는 단체로, 학생들이 더 나은 먹거리를 먹는 동시에 식량 체계에 대해 배울 수 있게 한다.

Frizzy's Lunch Lab
pbkids.org/lunchlab/#
PBS 방송은 어린이들이 바른 식습관을 익힐 수 있도록 재미있는 정보, 비디오, 게임 등을 제공한다.

FoodShare
www.foodshare.net
토론토에 있는 이 단체는 "모두를 위한 건강하고 좋은 먹거리"에 힘쓰고 있다. 교육 프로그램들을 통해 기아에 대해 알리며, 가난한 이들에게 신선한 먹거리가 든 꾸러미를 나누어준다.

The Cool Foods Campaign
coolfoodscampaign.org
우리의 먹거리 선택과 지구 온난화 간의 관계를 설명하며, 더 현명한 장보기와 식습관을 통해 환경을 돕는 방법들을 제시한다.

USDA Child Nutrition Site
www.fns.usda.gov/cnd/
미국 농무성은 기아에 시달리는 어린이들이 좋은 먹거리를 공급받을 수 있도록 돕고, 어린이들이 요리와 식량 체계에 대해 배울 수 있는 수많은 프로그램을 제공한다.

World Food Programme
www.wfp.org
유엔 산하 기관인 WFP는 전 세계의 기아와 싸우는 단체 중 가장 규모가 크다. 이곳의 교육용 게임인 '공짜 쌀 Free Rice(freerice.com)'을 해보자. 여러분이 문제의 답을 맞히면 스폰서가 맞힌 문제 하나당 쌀 10톨씩을 WFP 프로그램에 기부할 것이다.

각 시도별 농업기술센터 및 농업기술원
시도별로 운영하고 있는 농업기술센터와 농업기술원들은 농업에 대한 전반적인 정보들을 소개한다. 특히 서울시, 경기도 등 수도권 인근의 농업기술센터들은 도시 농업에 관해 동영상과 스마트폰용 앱 등 여러 가지 정보를 제공하며, 온라인뿐 아니라 오프라인에서도 도시 농업 관련 강좌를 개설해 운영하고 있는 곳도 많다. 거주지에서 가까운 농업기술센터의 홈페이지를 방문해보자.

강원도농업기술원 www.ares.gangwon.kr/hb/agri

경기도농업기술원 www.nongup.gyeonggi.kr

경상남도농업기술원 www.gnares.go.kr

경상북도농업기술원 www.gba.go.kr

광주광역시농업기술센터 www.agri.gwangju.go.kr

대구광역시농업기술센터 www.daegu.go.kr/Rural/

대전광역시농업기술센터 www.daejeon.go.kr/
dj2009/farming/index.action

부산광역시농업기술센터 www.nongup.busan.go.kr

서울특별시농업기술센터 www.agro.seoul.go.kr

울산광역시농업기술센터 www.atc.ulsan.go.kr

인천광역시농업기술센터 www.agro.incheon.go.kr

전라남도농업기술원 www.jares.go.kr/

전라북도농업기술원 www.jbares.go.kr/index.sko

제주특별자치도농업기술원 www.agri.jeju.kr

충청남도농업기술원 www.cnnongup.net

충청북도농업기술원 www.ares.chungbuk.kr

국립원예특작과학원

www.nihhs.go.kr

국립원예특작과학원은 농촌진흥청에서 설립한 연구소로 원예·특용 작물 품종 개량과 재배 기술 개발을 목적으로 하고 있다. 2010년부터 도시 농업 연구팀을 신설해 운영하고 있으며, 텃밭 가꾸는 법, 옥상에 정원 꾸미는 법에 대한 도시 농업 정보를 제공하고 있다.

농촌진흥청

www.rda.go.kr

어린이를 위한 정보 페이지도 함께 제공한다.

쌈지농부

farmingisart.tistory.com

농업종합컨설팅업체 ㈜쌈지농부의 블로그로, 쌈지농부에서 주최하는 '서울 농부의 시장' 및 생태 관련 강연 정보들이 업데이트된다. 어린이들이 텃밭 가꾸기 체험을 할 수 있는 '어린농부학교'와 유치원, 유기농 먹거리와 텃밭 가꾸기 도구들을 판매하는 가게, 게스트하우스, 생태 디자인 공방 등을 운영하고 있다.

텃밭보급소

cafe.daum.net/gardeningmentor

전국귀농운동본부에서 운영하고 있는 단체로, 도시 농업을 시작하려는 사람들에게 다양한 정보를 제공하며 함께 텃밭을 가꿀 수 있는 커뮤니티 역할을 한다. 수도권 지역에서 8개의 도시 텃밭을 운영하며 주말농사학교, 도시농부학교 등을 운영하고 있다.

찾아보기

ㄱ

가나 23
가난 24, 25
개리 코머 청소년 센터 33
개발도상국 21, 38, 62, 80
거름통 60, 61
공급 11, 19, 23, 28, 43, 57, 60, 63, 73, 74
공동체 텃밭 29, 42, 43, 64, 66, 73, 76, 79, 80
공장형 농장 14, 44, 45, 55
공정 무역 67, 80
공해 물질 16, 36
교외 34, 72, 73, 76, 80
그로잉 파워 57

ㄴ

나이로비 68
나탈리 제레미젠코 31
남아프리카공화국 26, 27, 71
넬슨 만델라 26, 27
노스웨스트 테리토리 50
농무성 28
농업 과학 71, 80
뉴욕 14, 52
뉴질랜드 66

ㄷ

다년생 식물 51, 80
다르 에스 살람 62
다카 14
다카르 55
도시 근교 농업 21
도시 농업 23, 30, 33, 43, 70, 80

ㄷ

도시미화운동 20
도시 우주 정거장 31
도쿄 14, 15, 32, 33
디트로이트 70

ㄹ

라스베이거스 63
랠프 월도 에머슨 48
로버트 루이스 스티븐슨 64
로스앤젤레스 30

ㅁ

메가시티 14, 15, 20, 80
멕시코 14, 15
멕시코시티 14, 24, 54
멕시코 인 24
모잠비크 21
몬트리올 33
뭄바이 14, 20
미국 14, 20, 22, 24, 25, 28, 29, 33,
      48, 52, 56, 57, 62, 63, 66, 70
미니 텃밭 38, 39, 40, 80
미셸 오바마 29
밀워키 57

ㅂ

백악관 29
밴쿠버 43
버클리 62
베트남 23, 38
벤데일 상업기술학교 77
보스턴 66, 67

볼리비아 38
북아메리카 15, 16, 17, 19, 22, 52, 54, 62

ㅅ

『사라져가는 도시』 72
세네갈 55
소비재 25
소웨토 71
수경 재배 32, 33, 56, 81
수경 재배 순환법 56, 57, 81
수직 텃밭 30
스와질란드 71
슬럼가 20, 21, 68
승리의 텃밭 28, 29, 30, 79
시카고 33, 57, 66
식량 가격(식품 가격) 24, 43
신토불이형 인간(로커보어) 44, 81

ㅇ

아리스토텔레스 14
아크라 23
아프리카 21, 25, 68
양식 56, 81
에드먼드 버크 78
에든버러 66
엘리너 루스벨트 29
엘 알토 38
영국 20, 23, 25, 58, 76, 78
영양소 16, 44, 46, 81
오스트레일리아 24, 72
옥상 텃밭 33, 78
온실가스 11, 16, 49, 58, 82
우간다 52
우드로 윌슨 28
운동 46, 47, 73
원예요법 47
유기농 29, 33, 43, 45, 52, 53, 55, 62, 66, 82
유엔 14, 25, 38, 82
이종 교배 44, 82
이집트 63

인구 11, 14, 15, 17, 20, 21, 22, 24, 25, 43, 62, 63, 68, 70
인도 14, 20, 25, 58, 74
일본 14, 15, 33

ㅈ

전국 승리의 텃밭 프로그램 28
전국전시텃밭위원회 28
전시식량국 28
전원도시운동 20
중국 14, 21, 56, 58

ㅋ

캄팔라 52
캐나다 11, 15, 22, 24, 25, 33, 50, 54, 66, 67, 76, 77
캘리포니아 15, 62
케냐 68
쿠바 43
키베라 68, 69

ㅌ

타지키스탄 25
탄자니아 62
태양열 59
토론토 10, 11, 22, 31, 57, 77
토양 분석 36

ㅍ

파소나 O2 32
파키스탄 14, 55
페루 55
푸드 마일 16, 18, 45, 50, 52, 82
푸드쉐어 10, 57, 76, 77

ㅎ

하노이 23, 38
학교 텃밭 74, 75, 76, 77
혐기성 소화 58, 79, 82